元山和也

口ぐせだけですべてが変わる

人生を180度好転させる80のことば

自由国民社

はじめに——どんな人生でも変えられる、口ぐせの魔法

◆口ぐせの力で大きな挫折から立ち直った

数多くの本の中から、この本を手に取ってくださいまして、ありがとうございます。

口ぐせインストラクターの、元山和也と申します。

私は、会社を経営すると同時に、日常で使う口ぐせの効果的な使い方を研究・指導する、「口ぐせインストラクター」の活動も行っています。

私は今でこそ、経済的自由、時間的自由を実現し、人間関係も良好で幸せな毎日を送っています。しかし、ここに至るまでの私の人生は、決して順風満帆だったわけではありません。

むしろその逆、これまで、〝人生のどん底〟ともいえる大きな挫折を、何度も経験してきました。

でも、そのたびに私は、「あること」に救われていました。

「あること」のおかげで、私は今、いきいきとした人生を送ることができています。

その「あること」とは、「口ぐせの力」です。

「口ぐせ」が、いかに私の人生に大きな影響を与え、人生のどん底から救ってくれたか、ご紹介させてください。

私の最初の挫折は、10代後半で始まった、アルコールへの依存でした。

28歳のときにはアルコール依存症の症状が悪化し、3か月入院。

退院してからも、幻覚、幻聴、手の震えなどが治まるまで、半年もかかり、その間、地獄の苦しみを味わったのです。

それなのに私は、退院後、またもやお酒に手を出しそうになりました。

そんな時、私を救ってくれたのは、私が所属する自助グループの仲間の言葉でした。

「大丈夫。君ならやめられるよ」


仲間たちの「大丈夫」という、いわば前向きな言葉のシャワーを浴び続けた私は、
その言葉を徐々に受け入れていきました。

すると「僕はダメな人間だ」と、自分を責める気持ちが、少しずつ減っていきました。

そして、自分でも「大丈夫。大丈夫」と言うようになると、「自分はもう大丈夫なんだ。

お酒に振り回される自分じゃなくなるんだ」という希望が、芽生えてきたのです。


「大丈夫」の口ぐせだけで、自分の考えがここまで変われた。

そのことに私は、とても驚きました。

そして
「口ぐせには心を変える力がある」

そのことに、気づいたのです。

私は、この「口ぐせの力」を、お酒をやめる原動力に変え、その結果、10年以上やめることができなかったお酒をきっぱりと断つことができました。

それから今日までの25年間、私は、お酒を一滴も飲んでいません。


2度目の大きな挫折は35歳のとき。

当時勤めていた会社を、突然、リストラされたのです。

「自分の人生は終わりや」と絶望するほどの、つらい宣告でした。


しかし、このときも、「口ぐせの力」を使いました。

友人が励ましてくれた「これは、挫折ではなく、チャンスだ」の言葉を、口ぐせに用い、「自分にとって、チャンスなんだ」「絶対にすぐ仕事がみつかる」と自分に言い聞かせました。


やがて、私は、リストラされた会社より、好条件の会社に再就職することができました。口ぐせの通り、リストラは、私にとって、飛躍の「チャンス」となったのです。

しかし、40歳を過ぎた頃、3度目の挫折が起こりました。

再就職した会社でのあまりのハードワークに、体を壊してしまったのです。

やむなく会社を辞めた私は、それまで全く経験したこともない保険の仕事を始め、人生の再出発をします。

しかし、畑違いの業界での営業は、なかなか成績をあげることができません。

契約件数ゼロが続きました。

◆口ぐせの師匠、佐藤富雄さんから直々に教えを受ける

「このままでは、保険の仕事を辞めざるを得ない」と、自信を失い落ち込む日々が続きます。多くの人にとって、40歳を過ぎての転職は、人生を立て直すラストチャンスです。

「なんとか、しなければ」と、焦る気持ちを抱えて、ふと入った書店で、一冊の本

と運命的な出会いをします。

佐藤富雄さんの『運命は「口ぐせ」で決まる』の本です。

タイトルを見たときの衝撃は、今でも忘れられません。

「やっぱり、口ぐせの力は本当だったんだ！」と、改めて確信したのです。


それから、私はむさぼるように本を読みました。佐藤富雄さんの本はもちろん、ジョセフ・マーフィー氏の『潜在意識の活用法』などの本を読み、仕事中に「大丈夫」「絶対うまくいく」という口ぐせを、多用するようになりました。


口ぐせが変わると意識がポジティブに変わり、不思議と行動までも変わります。

私は、楽しみながらお客様に会い、営業ができるようになりました。

口ぐせを仕事で活用するようになってから、営業成績は常にトップクラスに入るようになりました。

何度も、私の人生を救ってくれた、口ぐせの力。

そんな口ぐせの力を、もっと発揮できる方法を身につけたい。

そう考えた私は、佐藤富雄さんが、熱海の自宅で開催するセミナーに、毎月通うことを決意しました。

ここで私は、２年近く、佐藤先生から直々に、人生で起こる様々な局面に合わせた効果が高い口ぐせの種類や、口ぐせの効果を大幅にアップさせるコツ、そして口ぐせを使うときの心のありようなどを、学びました。本を読むだけでは気づけなかった、細かな口ぐせの奥義を、直接ご指導いただいたのです。

佐藤先生から教わった内容を、さらに独自に発展させ、日常生活で応用すると、面白いように人生が発展していきました。

仕事はますます順調になり、現在も業績を更新しています。

そしていつの間にか、経済的・時間的自由を手に入れることができました。

佐藤先生が亡くなった今、直接伝授いただいた口ぐせの極意は、私の人生の宝物となっています。

◆「運がよくなる口ぐせ」、「運が悪くなる口ぐせ」とは？

みなさんは、ふだんどんな言葉を口にしていらっしゃいますか？


「最悪！」

「うまくいきっこない」

「なんかイヤな予感」


というようなネガティブな言葉を口にする人もいます。


しかし一方では、どんな問題や心配があっても、このことは私を成長させてくれるのだと考え、

「ありがとう！」

「大丈夫、大丈夫！」

「きっとうまくいく」

という、ポジティブな言葉を口にする人もいます。

実は、**ポジティブな口ぐせを意識して続けることによって、人生はいくらでも好転します。**

自分の欲しいもの、望むものを手に入れることもできます。そして、かつての私のように、絶望や依存から抜け出すことができるのです。

◆2千人、そしてもっと多くの人の人生も変えた！

私は、お酒をやめてから、自分と同じように「お酒をやめたい」「アルコール依存症から回復したい」という人たちに、20年以上カウンセリングをしてきました。

その数は、実に2千人を超えます。

そして、口ぐせの力を使って、心や行動を変えていく方法をアドバイスする中で、たくさんの人が、大きく変わっていくのを見てきました。

また、ビジネスで出会った方々の中には、「どうして、そんなに仕事や人間関係がうまくいくの？」と、私に人生を好転させるコツを聞きにくる人もいます。

そんなときには、長年の研究成果をもとに、口ぐせの持つパワーについて、アドバイスさせていただいています。

これまでの自分の経験、そしてアドバイスをさせてもらった方々との会話を通して、確信したのは、

「言葉を変え、良い口ぐせを使う。それだけで、人はイヤな自分とサヨナラし、大好きな自分に生まれ変わることができる。幸せな人生への一歩を踏み出すことができる」ということです。

あなたも、驚くほど効果のある「口ぐせの力」を使ってみませんか？

本書では、長年に渡って実践し、高い効果を感じられた口ぐせだけを選び出してご

紹介しています。

すぐに実践してもらえるものばかりです。

ぜひ、この「運がよくなる口ぐせ」を使って、幸せで、豊かで、楽しい人生への扉を開きましょう！

この本で、ひとりでも多くの方の人生が変われば、これ以上の幸せはありません。

口ぐせインストラクター　元山和也

本書の使い方

本書では、日常のさまざまな場面で、口ぐせを活用していただくため、自分に対してだけでなく、仕事や人間関係、お金とのつきあい方など、具体的な例を数多くご紹介しています。

第1章では、素直に自分を受け入れ、**自然に自分が好きになれる**口ぐせを中心にご紹介しています。

第2章では、気持ちが落ち込んだときなど、心がマイナスに傾いてしまったときに、口ぐせの力で**気持ちを穏やかに・プラスにする**方法を、説明しています。

第3章から第6章では、仕事やお金、人間関係など、多くの人が**日々直面する悩み**

や問題に対して、口ぐせをどのように生かして解消していくか、をご紹介しています。
最後の第7章は、「**未来の自分を輝かせる口ぐせ**」。将来の夢や希望を実現するために、役立つ口ぐせを用意し、実践法を解説しています。

生きていれば、さまざまな困難やトラブルにあうこともあるでしょう。そのたびに当てはまるところを参照し、読み返していただけたら幸いです。

目次

第2章　ミラクル！ マイナスの心をプラスに変える口ぐせ　57

第3章　ホッと安心！人間関係がうまくいく口ぐせ　85

第4章　ワクワク！ 楽しい！ 仕事を成功に導く口ぐせ　107

第5章　周りも幸せ！　あなたも幸せ！　みんなが輝くほめ口ぐせ　131

第7章　キラキラ！　あなたの未来を輝かせる口ぐせ　179

第1章 たちまち心が軽くなる！自分が大好きになれる口ぐせ

性別や年齢に関係なく、誰でも活用でき、
夢を叶える道具となるのが「口ぐせ」です。
ただ、正しい使い方を知っている人が、あまりにも少ないだけ。
口ぐせをうまく使いこなすための最大のコツが
「自分を好きになる」ことです。
それはなぜ？　そして、どうやったら好きになれるのか？
本章でご紹介していきましょう。

1 「私ってすごい！」

あなたの「望む未来」を手に入れる、強力なパートナーとなってくれるのが、「口ぐせ」です。私は「口ぐせインストラクター」として、長年の研究の結果、こう断言できます。**「口ぐせ」は、正しい使い方さえすれば、あらゆる人に、必ず効果をもたらします。そして、素晴らしい未来を手に入れる手助けをしてくれるのです。**

しかし、「口ぐせの使い方で人生がうまくいく」といわれても、あなたは「そんなことでよくなるなら、とっくに変わっているよ」と、思うかもしれません。

そこで、**まず試してみてほしいのが、「私ってすごい！」の口ぐせです。**

朝起きてから寝るまでの間、なにか行動を起こすたびに、「私ってすごい！」と言ってみましょう。たとえば、朝、寝坊せずに起きられたら、「時間通り起きる私ってすごい！」。会社に定時についたら、「遅刻せずに出社する私ってすごい！」。上司に怒られたら、「『すみません』と素直に謝れた私ってすごい！」と。

最初は「すごい！」と思っていなくてもいいのです。それでも、なにか行動を起こすたび、「私ってすごい！」と自分をほめてみましょう。

すると、一日の終わりには、これまでよりも元気で、いらだちや落ち込みが少ない自分に気づくはずです。

私も、仕事がうまくいかないときや落ち込んだときに、「私ってすごい！」と、繰り返し口にします。すると不思議なことに自然と元気がわいてきて、自信を持ってその状況に取り組めるようになります。

それは、「私ってすごい！」という口ぐせを、何度も自分で耳にすることで、「私ってすごいんだ」という感情が生まれて気持ちが切り替わるからです。

たった一言を変えるだけで、気持ちや感情が大きく変わる。

口ぐせには、そんな力があります。

このことが実感できたら、あなたは「口ぐせをもっとうまく使ったら、人生が大きく変わるかもしれない」と思い始めるでしょう。

これが、本当に「すごい」あなたになるスタートです。

2

「なんか、いい気分」

口ぐせで人生が大きく変わる。これは、単なる言い伝えや迷信ではありません。実際に多くの人の成果を、私の「口ぐせインストラクター」としての体験からお伝えできますし、科学的な根拠もしっかりあるのです。

では、なぜ、口ぐせを繰り返すと、人生がうまくいくのでしょう。

それには、潜在意識が関係しているのです。願望実現や成功法則に興味がある人なら、一度はその名前を聞いたことがあるかもしれませんね。

潜在意識とは、心の奥深くにあり、自覚されることなく行動や考え方に影響を与える意識です。この潜在意識は、あなたが強く思うことを、たとえ悪いことでも、良いことでも、現実の世界に実現させてしまうと言われています。

たとえば、あなたが自分のことを「落ち込みやすい」と考えているとしましょう。

すると、潜在意識は、まるであなたからの命令を受けたかのように、「落ち込みやすい」

あなたを実現します。

また、「なんか今日はイヤな日になりそう」と思うと、本当にイヤな日になるようなことを、どんどん引き寄せてしまうのです。


そこで、口ぐせの出番です。

「なんか、いい気分」という口ぐせを繰り返すと、「落ち込みやすい」とか、「イヤな日」などの、ネガティブなことを考える割合が減っていきます。

口ぐせを繰り返すのは、たとえて言えば、汚れた水が入ったバケツに、少しずつきれいな水を注ぎ入れるようなものです。水がゆっくりと入れ替わり、汚れが少なくなっていきます。

そして、最後には、バケツの中身が、すっかりきれいな水になるように、あなたの潜在意識のなかも、前向きな気持ちで満たされるのです。

口ぐせとは、「良い言葉を、無意識に口にする」習慣を身につけることです。

良い口ぐせが習慣になれば、無理やり気合いをいれたり、モチベーションを高めたりしなくても、楽にどんどん変わっていくことができるのです。

3

「どんどん自分が好きになる」

口ぐせの効果を最大限にするために、とても大切なポイントがあります。

それは、実は、できているようで、できていない人がとても多い、「自分を大好きになる！」ことです。


いったいなぜ、自分を好きになると、口ぐせの効果がグンとアップするのでしょうか。

ここで、人間の心と潜在意識の仕組みからご説明しましょう。


潜在意識は、心の底で本当に思っていることを素直に実現するとお話しました。

たとえば、あなたがビジネスマンで、営業成績を今より上げたいと思っているとしましょう。目指す未来を手に入れるためには、「自分は会社でナンバーワンの営業マンだ」と、望む姿を口ぐせにし、潜在意識に浸透させます。

でも、心のどこかで「そうは言っても、自分なんて……」と思っていると、「自分は、とてもナンバーワンの営業マンになれる人間じゃない」という気持ちばかり、実現されてしまうのです。

これでは、車を運転するときに、アクセルを踏みながらブレーキも踏んでいるのと同じです。「自分なんて……」と卑下する気持ちが、前に進もうとする自分を後ろに引っ張り、まったく前に進めなくなってしまうのです。

その**「なりたい自分を否定する心」を解消するのが、「自分を好きな自分」になることです。**しかし、「そうは言っても、なかなか自分を好きになれない……」というあなた。

実は、口ぐせの力を活用すれば、「どんどん自分が好きになる」ことが、簡単にできます。

そして、自分を好きになり自信を持って「願いを叶える価値がある」と確信することも、とても簡単にできるのです！

「どんどん自分が好きになる」方法を次に、詳しく説明していきましょう。

4 「そのままの自分が素敵」

自分のことを、心から好きになれる、一番簡単な方法は、自分の長所をあげて、**「私にはこんなに良いところがある」**と実感すること。

そして、自分の短所ではなく、長所にフォーカスする訓練をすることです。

私がそのことに気づいたのは、あるセミナーがきっかけでした。

セミナーでは、グループを作り、交代でそれぞれをほめるというワークがありました。そのワークで、私の番になったとき、「声が良い」「話しかけやすい」など、自分でも思っていなかった長所が、なんと、30個以上も出てきたのです。

そのとき、私は「自分は、短所ばかり気にして、他人から見て長所と思われる点を、まったく見ていなかった」と、気づきました。

そして、「今のままの自分でも、良い点がたくさんある」と、実感したのです。

それから、私は「そのままの自分が素敵」という口ぐせを、実行するようになりました。ときには、鏡の前に立ち、鏡に映る自分を見ながら、口ぐせを繰り返したのです。

また、その日に思いついた、「仕事をがんばった」「よく気がつくね」などの、自分の長所やほめてあげたい点を、口にするようにもしました。

すると、いつの間にか「そのままの自分が素敵だな」と思えるようになったのです。


この口ぐせの効果に気づいた私は、アルコール依存症の方とのカウンセリングで活用するようになりました。「そのままの自分が素敵」という口ぐせを使うようアドバイスすると、驚くだけでなく、なかには泣き出す人もいました。

「お酒をやめられない自分」にばかりフォーカスして、自分を否定していたからでしょう。しかし、たとえお酒をやめられなくても、**誰にでも、良い点は必ずあります。**長所に目を向けるだけで、自分を受け入れる気持ちが、自然と生まれてくるのです。

この口ぐせを実行した人は、ほぼ全員、数か月もしないうちに、少しずつ自信を取り戻し、笑顔が増えていきました。

5 「いつも笑顔がいいってほめられる」

鏡に映る自分の姿を見ながら、ほめ言葉をかけるのは、「自分を大好き！」になるために、とても効果的です。

そして、さらにもう一つ、誰にでもできて、自信がつく、とっておきの方法をお教えしましょう。それは、自分の長所を書いた**「いいところリスト」**を作ることです。

リストの作り方は、とても簡単です。

ノートやワードのページに、自分がいいと思うところを、書き出すだけです。どんな小さなことでもかまいません。「爪の形がいい」「いつも時間に遅れない」「強いていいえば、きれい好き」など、思いつくままに書き出すのです。

「いいところリスト」は最低でも20個、できれば50個ほど、書き出すことを目標としてください。1日で完成できない場合は、数日かかってもかまいません。

大切なのは、自分の良い点を、見つけ出そうという意欲です。

私はカウンセリングでも、「いいところリスト」を書いてもらいます。
自分の好きな部分がなかなか出てこない人には、「ほめられたことはない？」と聞いてみます。「髪がきれい」「声がいい」といったことから、「かけっこが早い」「いつも笑顔がいいってほめられる」など、幼い頃にほめられたことまで、できるだけたくさん思い出してみてもらいます。すると、「もう、何もない」と思った人でも、次から次へと、新たな長所を思いつくことができるのです。

また、**リストは、「作ったら終わり」ではありません。「時間のあるときに何度も目にすること」で、リストの効果はさらにアップします。**

私がカウンセリングを行なったある男性は、「いいところリスト」を手帳にはさんで持ち歩き、電車の待ち時間など、毎日眺めることを習慣にしました。
繰り返しリストを見ることで、少しずつ、自分に自信が持てるようになり、数か月後、気がつけば営業成績が約１・５倍に伸びたそうです。

「自分のいいところリスト」は、常にあなたの長所を教え、励ましてくれる親友と同じ役割を果たしてくれるのです。

6

「誰がどう思おうと、気にしない」

「自分のいいところリスト」を書くときに、大切なことが二つあります。

まず一つ目は「人から見たらどう思われるか」を考えずに書くことです。

「そんなの長所じゃないって言われそう……」なんて気にしないでください。

このリストは、人に見せるものではありません。

リストを書く目的は、自分を心から大好きになることなのです。ですから、自分の良いところを、どんどんリストアップしましょう！

二つ目に大切なことは、人と比較しないで書くことです。

自分の良いところを人と比べて、「まだまだ勉強中だし、長所なんて言えるかな」「英語が話せるといっても、あの人と比べると、ぜんぜんヘタだしな」と思う必要はないのです。

自分の良さを見つける作業なのですから、「誰かより優れている」もしくは「誰かより劣っている」という見方をする必要は、全くないのです。

「誰がどう思おうと、気にしない」と、自分に言いながら自分の長所を書いていくと、スムーズにできます。

あなたがビジネスマンなら、仕事のスキルだけでなく、「いつも一生懸命だね」「上司をたてて、えらいよ」といった、物事に取り組む姿勢などを、「いいところリスト」にあげるのも、いいですね。

また、あなたが主婦なら、「スーパーの安売り情報に敏感」「身近な材料でおいしい料理が作れる」なども、あげてください。とても優れた能力なのですから！

やってみると実感できると思いますが、自分の言葉で自分をほめると、とても楽しい気分になります。また、自分の良さを客観的に気づけるようになります。

私が「口ぐせインストラクター」として、アドバイスをさせていただく方々からは、この口ぐせを使えば、無理なく「自分のいいところを見つけられる」と、好評です。

7

「仕事ができる自分になりつつある」

さらにもう一つ、口ぐせを上手に使いこなす、とっておきの方法をご紹介しましょう。**それは、「口ぐせを現在進行形で表現する」ことです。**

たとえば、あなたが現在、営業成績があまり振るわない「パッとしない営業マン」だとしましょう。でも、「将来は会社でトップ営業マンになる」と、秘かに目標をたてているとします。

このとき、「私はトップ営業マンだ」という口ぐせは効果的ではありません。なぜなら、今のあなたの本音は「そんなことを言っても、オレ、トップじゃないじゃん」と思っているからです。

私たちの心は、本音を引き寄せ叶えます。ですから、口ぐせでいくら「トップ営業マンだ！」と言っても、本音が「パッとしない営業マン」であれば、心の奥底、つまり潜在意識にある、その気持ちを実現してしまうのです。

しかし、「トップ営業マンになりつつある」と現在進行形の口ぐせなら、出てくる結果が変わります。あなたが今、「トップ営業マンになる」目標に向かっていることはウソではないため、たとえ、現在のあなたが「パッとしない営業マン」でも、潜在意識は口ぐせを素直に受けとめてくれるのです。

私は、この現在進行形の口ぐせで、営業成績をあげた経験があります。40代になってから、これまでまったく未経験の保険業に転向した私は、何か月も契約がとれない時期がありました。そのとき「このままでは、生活すらできなくなる」と、真剣に悩んだのです。

そこで、「仕事ができる自分になりつつある」という口ぐせを、意識して使うようにしました。すると、営業成績が振るわなくても、「だんだん、できるようになる」と思うことができ、仕事を続けるモチベーションを保つことができました。

その結果、「契約ゼロ」から、脱することができたのです。

「私は、確実に目標に向かって進んでいる。今、変わりつつある途中だ」と、現在進行形の口ぐせを習慣にすれば、理想の人生は必ず近づいてくるのです。

8

「ふくよかだから癒される」

私は、お酒をやめたい人のカウンセリングを、20年以上続けています。

そのため、話しやすい雰囲気があるのでしょうか。仕事で出会うお客様や、同じ業界の仲間からも、相談を受けることもよくあります。

悩みのなかで多いのは、「自分に自信がない」「実は、劣等感を感じている」というもの。そんなとき、劣等感を感じる理由を聞くと、その原因となる短所が、私からみたら、とても短所だとは思えないものが多いのです。

たとえば、身長が172センチの女性は、モデルのようにスラッとして格好いいのに、「背が高すぎる」と悩んでいました。過去にお付き合いした男性が自分より背が低く、周りから「不釣り合い」と言われたことを気にしていたのです。

「胸毛が濃い」のが悩みという男性にも会ったことがあります。「イタリアだったらモテモテですよ」という私の言葉に、耳を傾ける余裕もないようでした。

「短所」は、これまでの経験や誰かに言われた言葉などによって、思い込んでいるケースが少なくありません。

私は、知人の女性の話を聞き、そのことを実感しました。

彼女は、誰が見ても「ぽっちゃりさん」体型です。しかし私は、彼女が体型の悩みを語るのを、耳にしたことがありませんでした。

あるとき彼女が、つきあっている彼の話をしてくれました。**「彼は『私がぽっちゃりしているから魅力的』だと言ってくれるの。一緒にいると癒やされるんですって」**と言うのです。

その言葉は、とても衝撃的でした。なぜなら「同じ状態でも、もののとらえ方で、長所にも短所にもなる」と、改めて気づかせてくれたからです。

日本では、「スリムでないと男性に好かれない」と考える人が多くを占めます。でも、この女性のように、「ふくよかだから、彼を癒すことができる」と考えれば、一般的に思われている短所は長所に変わります。

「人間には、短所なんてない。短所と決めつける自分がいるだけ」と、このとき私**は確信したのです。**

9

「話すのがヘタ。だから魅力的」

外見だけではありません。私たちは、内面や能力についても、短所だと思い込んでいることがよくあります。

たとえば、あなたは営業マンだとします。それなのに、話が苦手なことを短所だと思っているとします。「会社のA先輩は、お客様の前でテキパキと話し、質問にもすぐ返事する。それに比べてオレは……」と劣等感を感じています。

しかし、なめらかに商品の話をする人よりも、人の話をよく聞く営業マンの方が、売り上げや実績があるという例は、実際の現場ではとても多いのです。

短所だと思うことは、こんな風に言い換えてはどうでしょうか。

「話すのがヘタ。だから魅力的。なぜなら、聞き上手になれるから」

こうして、「短所に思うこと」の後に「だから魅力的。なぜなら○○だから」という一文を加えると、「短所」が「魅力的な個性」に見えてきませんか？

これは、決して自分に都合の良い解釈をしているのではありません。**「だから魅力的」の言葉をプラスしたことで、無理なく、違う角度から見られるようになるのです。**

これが習慣になれば、しめたもの。**あなたが「短所」と思っていることは、すべて「長所」に変えられます。**

それだけではありません。「自分には良い点がたくさんある」と気づけば、セルフイメージがぐんと高まり、自分をもっと好きになれるのです。

この口ぐせで、あなたの「短所」をどんどん長所にチェンジしましょう。

あなたが「優柔不断で上司の意見に合わせてしまう」のなら、「だから魅力的。なぜなら、自分の意見を押し通さずに、相手を立てることができるから」。

あなたが「考えすぎる性格」なのであれば、「だから魅力的。物事に対して、じっくり取り組み、より良い結論を導き出せるから」。また「主体性がない」と考えているなら、「だから魅力的。なぜなら、誰とでもうまくやっていける協調性をもっているから」と言い換えてみてください。

そして、あなたの魅力を、どんどん再発見してください。

10

「私は今、さみしいのかもしれない……」

誰にとっても、いつも安定した気持ちでいることは難しいものです。
ストレスや怒り、孤独、さみしさ、疲れなどからイライラしたり、ネガティブな状態になったりすることもあるでしょう。
そんなときあなたは、ネガティブな感情を「ダメだ」と否定して、押し殺そうとしていないでしょうか。

長年カウンセリングを続けてきて、強く感じるのは、「落ち込んだ気持ちを無視して、無理矢理ポジティブな口ぐせを唱えても、効果は上がらない」ということです。

心の乱れを、できるだけスムーズに静めるのに効果的なのは、実は、わき上がったネガティブな気持ちを否定しないことです。

「いつ、どんなときでも前向きでなければいけない」わけではありません。
イライラしたり、怒ったりするのも、あなた自身。

「良いことだけ口にしなければ……」と無理せずに、ありのままの気持ちを受けとめてあげましょう。

私の場合、信頼を裏切られたときや、頭ごなしにまちがっていると言われたときに、怒りを感じます。

でも、そんなときでも、**「怒ってはいけない」と思わずに、「怒るのも無理ないね」と一度受けとめると、気持ちが落ち着きます。**

そして、イライラし続けることなく、怒りをやり過ごすことができるのです。

また私は、誰とも話さないで一日を過ごした日に、「さみしいな」と思ったことがありました。でも、「それは自分が誰とも話していないから、さみしくてあたりまえだよね」と、受けとめてあげたのです。

そうして、いったん、感情を受けとめれば、次に何をしたらいいか、落ち着いて考えることができます。

そして、さみしかったら、人と交流したらいいのだとわかり、「じゃあ、誰かを誘って食事に行こう」と、解決策を考えることができたのです。

11

「あー、すっきりした」

怒りやさみしさなどネガティブな感情を認めてあげたら、次はその感情を解放してあげましょう。

私は、以前は、駅で電車を待って並んでいるときに、横入りしてくる人がいただけで、イライラして、数時間、気分が悪いときもありました。

しかし、最近では、怒ってもすぐに気持ちを切り替えることができます。なぜなら、口ぐせを使って怒りを解放する、独自のやり方を身につけたからです。

イライラすることがあった日は、その日のうちに、トイレなど他の人に聞かれない場所で、「○○さんに腹が立つ」と言ったり、「わーっ」と大声で叫んだりします。紙にそのことを書いて、くしゃくしゃにして捨てたり、クッションなどを叩いたりするのもいいでしょう。

とにかく、**体にたまった怒りのエネルギーを、声や力を使って発散するのです。**

ポイントは、あまり長時間やらず、短い時間で出し切ること。そうでないと、今度は怒りのエネルギーが、増幅してしまいます。

怒りを出し終わったら、「あー、すっきりした」「これで、明日もすっきり」と、前向きな口ぐせを自分にかけて、リセットしてあげましょう。

怒りなどのネガティブな感情を持つことは、決して「悪いこと」ではありません。「怒るなんて、自分が悪い」と責めないでください。

また、こうした感情は、押さえ込んだら、消えてなくなるわけでもありません。心の奥底にどんどんたまり、考えや行動に無意識に影響を与えます。

ですから、腹が立ったら「腹が立った」と言ってもいいのです。口ぐせなどを使い、その感情を解放し、すっきりと切り替えてあげましょう。

私は、ご紹介したやり方で少しずつ、怒りの感情とうまくつきあえるようになりました。そして、こうした経験を繰り返すうちに、やがて、怒りの感情がこみ上げてきたとき「深呼吸をして、その場を去るといった」テクニックも身につけられるようになりました。

12 「はい、肩の力抜いて！」「ふ〜」

目指すところにたどり着こうと、一生懸命に取り組むことは大事です。

しかし、「早く夢を叶えたい」「こうならなくてはならない」と、無理したり、がんばりすぎたりするのは、逆効果のときもあります。


私は、アルコール依存症で苦しんでいたとき、そのことに気づきました。

当時の私は、お酒が飲みたいにも関わらず、「お酒をやめなくてはいけない」と自分をキツく縛りつけていました。

しかし、「絶対に飲んではいけない」と思うほど、必ずあとでその反動が起きて、結局、浴びるほど飲むことを繰り返していたのです。

これは、アルコールに限らず、買い物やゲーム、薬物などの依存症や、つい仕事をがんばりすぎてしまう人の場合にも当てはまります。

「こうしなければ……」「やめなければ」と自分を律しすぎると、抑えつけた感情が溜まっていきます。やがて、まるで、膨らませ過ぎた風船が破裂するように、感情が暴発してしまうのです。

そんなことになる前に、時々、「がんばりすぎていないかな？」「肩に力が入っていない？」「がんばらない方法をみつけてみようか？」と、自分に聞いてみましょう。

これらの質問には、心の暴走を鎮め、落ち着かせる効果があります。

「もっとがんばらなきゃ」と自分を追いつめるのは、今の自分はまだダメだと思っている、つまり今の自分を認めていないということです。

自分を否定するのはほどほどにして、しっかりやっている自分を認め、気持ちを少しゆるめてあげましょう。

「はい、肩の力抜いて！」と自分に声をかけたり、「ふ〜」と声に出したりしながら、深呼吸をするも効果的です。

「リラックス、リラックス」「はい、ゆるんできた〜」などを口にして、自分に心地いい言葉を探しましょう。

13

「身も心もリラックスできた」

私はこれまで、口ぐせで自らの人生を切り拓き、また2千人以上の人へのカウンセリングを通して、より良い口ぐせの使い方を研究、指導してきました。

その経験から「これは、口ぐせの効果を倍増させる」と実感していることがあります。

それは、深呼吸をすることです。

深い呼吸は、気持ちを穏やかにし、口ぐせを心にすっとしみ込ませてくれるのです。

ここで私が、普段行っている効果的な深呼吸の方法を、ご紹介しましょう。

まずは、息を大きく吐き出すことから始めます。

お腹がぺたんこになるまで、息を吐ききります。体の中から息がからっぽになったと感じたら、今度はゆっくりと息を吸います。空気を頭頂から体に取り込むイメージで、お腹や肺を膨らませ、体中に酸素を取り入れます。

「もうこれ以上は吸い込めない」ところまできたら、いったん息を止めます。

２～３秒、その状態を保ち、我慢できなくなったら、足先から大地に空気を注ぐつもりで、ゆっくりと息を吐き出していきます。

そして次は、逆に、息を吸い込むときに、足もとから体に取り入れるイメージをし、吐きだすときに、頭頂から空気を出すような気持ちで行います。

単に、深い呼吸をするだけでなく、**こうしたイメージを持つことで、私は、天と大地の両方からエネルギーをもらえると考えているのです。**

呼吸は「鼻から吸って、口から吐き出す」、これを5回繰り返しましょう。

深呼吸に慣れてきたら、あわせて口ぐせも使ってみましょう。

「身も心もリラックスできた」「心がスッキリ晴れてきた」「迷いがなくなった」など、そのときの状態によって、ピッタリの言葉を選びます。

科学的にも、深呼吸をすると、副交感神経が活発になり、気持ちがゆったりとするといわれています。

幸せなイメージを描きながらおこなうと、自然と、考え方が明るく前向きになっていきます。

14 いつも自分に「ありがとう」

本章の最後に、自分が大好きになり、毎日をイキイキと過ごせる、とっておきの口ぐせをご紹介しましょう。それは、自分に「ありがとう」と言うことです。

「ありがとう」と言い始めたのは、お酒をやめた直後の20代後半の頃です。自助グループの仲間に、「今後、一生お酒を飲まないでいるためには、〝感謝〟の気持ちを持つことだよ。なぜなら、感謝できるほど幸せだと感じると、心が安定するからね」と、言われたことがきっかけでした。「そうなのかな」と半信半疑だった私は、続けて言われた言葉に大きな衝撃を受けました。**それは、「人に感謝するのと同じくらい、自分にも感謝することが大切なんだよ」**です。

それまでの私は、自分が感謝に値する存在だとは、考えたこともありませんでした。ですから、自分をほめる材料も見つかりません。

そこで、仲間に教えられたように、よく歩いた日は「足さん、ありがとう」、夜寝る前には「一日動いてくれた、体さん、ありがとう」と、体に感謝することから始めました。そのうち、家事を手伝ったら「手伝ってくれてありがとう」、電車でお年寄りに席を譲ったら「譲ってくれてありがとう」と、生活の多くの場面で、自分に感謝できるようになったのです。

自分で自分に「ありがとう」と言えるようになると、気持ちに大きな変化が訪れました。**「いいことをしたな」と、心がじんわりとあったかくなり、「自分は、感謝に値する人間なんだ」と、心の奥底から信じられるようになったのです。**

それから「感謝」という言葉が大好きになった私は、「感謝」と彫られた特注の印鑑を作り、お客様への手紙や会社のスタッフさんへのメモなどに、毎日押しています。そして、感謝をしたときにわき出る、自分を肯定する気持ちを、ずっと忘れたくないため、今でも自分に「ありがとう」を繰り返しています。

あなたも、職場で周りに気を遣ったら「うまくやってくれてありがとう」、子どもの世話をしたら「子どもの面倒をみてくれて、ありがとう」と、第三者から声をかけられたように、自分で優しく感謝してみてください。

第2章 ミラクル！マイナスの心をプラスに変える口ぐせ

落ち込んだり悩んだり……
何かあるたびに、心が揺れて落ち着かない。
でも、「自分は、ダメだ」などと、責めないでください。

そんなときは、口ぐせの力を活用すればいいのです。
どんなに気分がマイナスになっても、
あっという間に気持ちが切り替わり、
イキイキと前に進んでいけるようになります。
口ぐせで、いつも穏やかに、笑顔のあなたを取り戻しましょう。

15

「大丈夫、大丈夫」

「大丈夫」は、私が大好きで、最も効果があると考える口ぐせの一つです。**この口ぐせを唱えれば「どんなことがあっても、必ず大丈夫になる」という気持ちになります。**そして繰り返すことで、マイナスの状況さえプラスに変える、とてつもないパワーがこの言葉にはあるのです。

この口ぐせは、10年以上アルコール依存症に苦しんでいた私に、お酒をきっぱり断たせるほどの威力がありました。

当時私は、20代後半。お酒の誘惑を断ち切れず、朝からお酒を飲むため、仕事も見つかりません。そんな私に、「大丈夫」だと思える根拠は、何一つありませんでした。それでも、自助グループの仲間は、会うたびに、「大丈夫だよ」「もうすぐお酒がやめられるよ」と、繰り返し言ってくれたのです。

初めは「何が大丈夫なんだよ。気休め言って」と思っていた私ですが、何度も何度も言われることで、「私は『大丈夫』なのかもしれない」という気持ちが、少しずつ芽生えてきました。

やがて私は、自分に向かって「大丈夫」と言い始めました。すると「なんか、お酒やめられるかも」という、かすかな希望がわいてきたのです。

そして、「大丈夫」を繰り返すことで、「大丈夫」な未来の姿＝お酒をやめてスーツを着て出勤している自分を、徐々にイメージできるようになりました。

その後、「お酒をやめた私」は、現実の姿となったのです。

今から思えば、「大丈夫」という口ぐせは、私のセルフイメージを「ダメな私」から「大丈夫な私」に、切り替えてくれたのでしょう。

実は、私たちの脳は、現実と想像の区別ができません。**脳は思い浮かべたことを「現実に起こっている」と受けとめ、潜在意識に働きかけて全力で実現しようと働きます。**

ですから、私たちは「何をイメージするのか」がとても重要なのです。

トラブルに巻き込まれたり、不安や絶望に襲われたりしたら、自分に、「大丈夫」と声をかけてあげましょう。自分を励まし、前に進む勇気を与えてあげてください。**「大丈夫」と繰り返せば、心の底から自信が生まれてきます。**

16

「どんなに暗くても、明けない夜はない」

口ぐせは、どんな気分転換の方法よりも、はるかに力を持って、私たちの心に働きかけます。たとえ目の前の現実がどんなに辛くても、口ぐせを繰り返せば、気持ちをプラスに切り替えることができるのです。

「苦しい」「投げ出したい」というときは、口ぐせのパワーに助けを求めてみましょう。

「結婚を前提として、3年も付き合った男性に振られてしまった……」

そう知り合いの女性に相談されたことがあります。彼女は、毎日がつらくて、食事もろくにのどを通らないありさま。眠れない日々が続いていたと言います。

私は、まずじっくり話を聞きました。そして、その後で「無理に元気になろうとする必要はないよ。必ず、時間が解決してくれるから。でも、気づいたときでいいから、『どんなに暗くても、明けない夜はない』と言ってみてほしい」とアドバイスしたのです。

半年後、「また、話がしたい」と、連絡してきた女性に会うと、見違えるように、元気になっていました。女性は「とことんまで落ち込みました。でも教わった口ぐせを繰り返していたら、『明日にはいいことがあるかもしれない』と、本当に、少しずつですが、そんな気になれたんです」と話してくれました。

彼女は、口ぐせのおかげで、辛い状況を乗り越えることができたのです。

もしあなたが、真っ暗な闇でもがいている気持ちになったら、「どんなに暗くても、明けない夜はない」と言ってみてください。

どれだけ闇が深くても、朝にならない日はないのです。

アルコール依存症で苦しんでいた頃の私は、シラフの自分が想像できませんでした。けれども、今なら言えます。「さめない酒はない」と。

地獄のような経験をしたからこそ、**「どんな苦しみもいつか必ず終わりを迎える」**と、心から皆さんにお伝えすることができます。

ちなみに、つらい状況を口ぐせで乗り切った先ほどの女性は、その後に素敵な出会いを引き寄せて、めでたく結婚しました。

17

「さあ、次いこうか」

私たちは、毎日、映画を見て感動したり、友人とけんかして落ち込んだり、仕事で成果を出して喜んだりと、さまざまな感情を揺さぶられる体験をします。

そして、「喜怒哀楽」の感情のなかでも、特に悔しいこと、つらいこと、悲しいことなどがあると、どうしてもすぐに忘れることができずに引きずってしまいます。

あなたの目指す未来に向かって、前に進むためには、こうした感情をこまめにリセットすることが、とても大切です。

なぜなら、「悲しくてしかたがない」「つらくてそのことばかり考えている」という状態は、心がバランスを崩しており、感情のコントロールが難しくなるからです。まるで暴れ馬を引っ張っているかのように、心の揺れに翻弄される自分になってしまいます。

でも、そんなときも、口ぐせの力を借りれば、無理なく感情をリセットできます。心が乱れたときに、私がよく使う口ぐせは「十分悲しんだ、苦しんだ、さあ、次いこうか」です。

この言葉を使うと、必要な感情はしっかりと味わったあと、スッキリと前を向くことができます。そして、心のどこかに、自分を見失うことのない、冷静な部分を保つことができます。この口ぐせは、まるで、腕のいい調教師のように、荒れた感情を静めてくれるのです。

「さあ、次いこうか」は、うれしいことがあったときも使えます。

あなたは「なぜ、うれしいときにも使うの？」と疑問に思うかもしれません。でも、喜びすぎて我を忘れてしまうことは、心のバランスが乱れているという点では、悲しいときやつらいときと同じです。

何ごとも長く引きずらないよう「悲しみすぎない、喜びすぎない」ということを、心の片隅においておきましょう。

18

「よくがんばった！」

ときには自分に「よくがんばった！」と、ほめ言葉をプレゼントしませんか？

私のビジネス仲間の男性は、あるとき新規部門の責任者に任命されました。責任感の強い彼は、以前より朝早く出社し、帰りも終電まで働くという毎日。休日も、仕事が気になって出社していました。

それなのに、なかなか思うような結果が出ない。疲れて、とうとう体に変調をきたしたと、あるとき相談されました。

私は彼の状況を見て、「ひたすら突き進んでばかりで、疲れがたまっているな」と思うと同時に、「それだけがんばっていても、『自分はまだまだだ』『もっとがんばらなければ』と自分を追い込んでいる」と、強く感じました。

そこで私は、彼に「それだけがんばっているのだから、自分をほめてあげませんか。『よくがんばった、充実していた』と言うだけで、ずいぶん変わるはずですよ」と、アドバイスしたのです。

私の友人にも、「よくがんばった！」を、お気に入りの口ぐせにしている人がいます。細かい書類の作業が終わったときや、飛び込み営業で一日がんばった日などに使うそうです。友人いわく「がんばっている自分を誰かがほめてくれて、認められている気持ちになれる」と言います。

皆さんも、一生懸命働いた、一日の終わりだけでなく、緊張するプレゼンが終わったあと、会議で重大な提案をしたあとなど、そのたびに、自分に「よくがんばった！」と、こまめに声をかけてあげましょう。

この男性は、自分のがんばりをしっかり認め、ねぎらってあげることで、わずか数日で、気持ちに余裕が出てきたそうです。結果を追い求めて焦っていた気持ちが落ち着き、良いアイデアがどんどん浮かんでくるようにもなりました。

また、「よくがんばった」と言うことで、自分を大切にしようという気持ちが生まれ、体を休めて次の日の英気を養うようになったそうです。

19

「今日もいいことあるぞ！」

「なんかいいことないかなあ」が口ぐせの人、多いですよね。あなたも無意識のうちに口にしていませんか？　ドキッとした人も多いはずです。でもこれは、潜在意識に「現在が悪い状態だ」と宣言しているのと、全く同じなんです。

潜在意識は言葉の影響を受けやすく、とても暗示にかかりやすいのです。どうせ言うなら、「今日もいいことあるぞ！」と言ってみませんか。

予感があってもなくても、とにかく毎朝、「今日もいいことあるぞ！」と言い切ってしまうのです。

すると、潜在意識は「いいこと」に結びつく情報を敏感にキャッチし、いいことがありそうな場所へと誘っていきます。そして、その日一日を、いいことがたくさんある、いい日に変えてくれるのです。

この口ぐせを習慣にすると、不思議なことに、「会いたい人に会えた」、「ほしい物が見つかった」などの、ラッキーな出来事が増えてきます。

しかし、それぱかりではありません。「今日もいいことあるぞ！」は、もっと大きな変化をも、人生にもたらしてくれるのです。

実は私は、「50代には作家になる」と決めたあとは、「私は近いうちに作家になる予感がする」と言い始めました。

「本を書きたい」と思う人は、世の中にたくさんいます。

数万人、もしかしたら数十万人いるかもしれません。

それなのに、この口ぐせを使い始めてから、わずか数か月後に、「本を書いてみませんか」と言ってくださる人との出会いがあったのです。

最初は、ビジネスの会合で、たまたま出版したことがある人と同席したのがきっかけでした。その人と名刺交換をしたら、別の人を紹介され、最終的に、出版業界に一人も知り合いのいなかった私が、本を出せることになったのです。このことは、私の人生に大きな変化をもたらしました。

この経験からまた、私は改めて、口ぐせがもたらす、大きな効果を実感したのです。

⑳「私ってついてる〜」

心がざわざわしたり悩みを抱えたりすると、気持ちも体力も消耗します。そんなときも、口ぐせで気持ちを切り替え、元気を取り戻しましょう。

あるとき、ＩＴ関連の会社で営業をしている女性から、「年上の男性の部下ができて、人間関係がうまくいかない」との相談を、持ちかけられました。

部下の男性は、女性に指示されることに抵抗があるらしく、特に業務をお願いするときは、彼女はとても気を遣って話をしなければならないとのこと。

「家に帰ると気持ちが消耗してぐったり。何をする気にもならない」と言うので、私は「それは大変だね。今はつらいかもしれないけど、しんどいときこそ、『私ってついてる〜』と言うようにしてみて」とアドバイスしたのです。

それから彼女は、毎晩、お風呂のお湯につかっているときに、「ついてる、ついてる〜」と、繰り返すようにしたそうです。

すると、「お風呂から出る頃には、マイナスの気持ちがゼロにリセットできたの。イヤな気持ちが消えて、フラットないつもの私の心に戻れた」と報告してくれました。毎日、疲れや悩みが積み重なっていたのが、その日のうちにスッキリ、クリアになるようになったそうです。

そして、「気持ちがゼロに戻るだけで、心が落ち着くことに気づいたわ。無理にプラスにしようとしなくても、気持ちが安定するっていいことね。悩みのタネだった年上の部下の男性とも、以前よりうまくやっていけるようになった」と、喜んでくれました。

バスルームで「ついてる〜」と言うのは、とてもいいやり方です。毎日の習慣にしやすいですし、リラックスしながらできるので、言葉が心に入りやすく、口ぐせの効果が倍増するからです。

通勤の途中や買い物に行くときなど、歩きながら「ついてる、ついてる」と言うのもいいでしょう。一定のリズムで繰り返せば、心に強く刻まれます。

普段から「ついてる」の言葉を口ぐせにすれば、気持ちの落ち込みが少なくなるだけでなく、言葉通りの「ついてる」現実をも、引き寄せられます。

21

「クスクス、アハハ、ワッハッハ」

笑いには、一瞬で重い空気を吹き飛ばして、心を明るくする力があります。

もしあなたが、何かで煮詰まったり、気分が落ち込んだりしたら、笑うネタがなくても、声を出して笑ってみてください。

「えっ、楽しくもないのに笑えないよ」と思うかもしれません。

でも、作り笑いでいいのです。無理をしてでもいいので、声を出して笑い始めると、不思議なことに、心が勝手に、明るく楽しくなってきます。

このことを強く実感したのは、お医者さんが主催する「笑いヨガ」に参加したときでした。「笑いヨガ」は、「よーい、スタート」の合図とともに参加者全員で、いっせいに声を出して5分間笑います。そして休憩したあと、また5分笑って休憩するのを繰り返し、合計で30分笑い続けます。

始まる前は「何もおもしろくないのに笑えるの？」とか「他の参加者に変に思われ

たらどうしよう?」などと心配していました。しかし、ドクターの合図とともに「アハハハ！」と声に出して笑い始めると、意外にも自然に笑うことができたのです。そして、次から次へと頭の中で面白いことが思い出され、声を出して笑い続けました。

すると、自分でもびっくりしましたが、心から「おもしろい」という気持ちが、自然にむくむくとわいてきました。終わる頃には、笑いのおかげで心はすっきり、血行がよくなって体もぽかぽかになり、爽快感で満ちあふれていたのです。

私たちは「楽しいから笑う」と思っていますが、ドクターによると、感情のメカニズムは「笑うから楽しいと思う」という順になるそうです。

そして、**笑うことで脳が「楽しいことが起こったぞ」と勘違いして、楽しいできごとを引き寄せてくれるそうです。**

昔から『笑う門に福来たる』ということわざもありますよね。

楽しいから笑うのではなく、楽しくなるために笑う。

こんな「笑い」のテクニックを知っていると、落ち込んだときも、とても簡単に心を前向きにすることができるので、お勧めです。

22

「ヤッターヤッター、イエイ」

なんとなく沈んだ心を晴らし意欲や活力を取り戻す、とても手軽な方法があります。それは、「ヤッターヤッター、イエイ」と声に出しながら、こぶしを握ってガッツポーズをすることです。

まるで、サッカー選手がゴールを決めたときや、野球選手がホームランを打ったときのように、満面の笑顔をつくると、さらに効果的です。

すると、**「まさか？」と思うくらいうれしい気持ちになり、元気がわいてくることにあなたも驚くはずです。**

実は、この口ぐせとポーズは、私がテレビで相撲の中継を見ていたときに思いつきました。お相撲さんが取り組みの前に、塩を勢いよく撒いたり、顔をパチパチと叩いたりしているのを、あなたも見たことがあるでしょう。

私は、たくさんのお相撲さんが実践しているのを見て「こうすると、気持ちが高まって、気合いが入るんだろうな」と気づいたのです。そして「自分たちも、日常生活でできることはないだろうか」と考え、自分なりに試しながら、一番効果があったのが、「ヤッターヤッター、イエイ」の口ぐせとガッツポーズだったのです。

私は、なぜかやる気がわかないとき、また、大事な商談の前など、気合いを入れたいときに、道を歩きながら、また、トイレの個室のなかで、この口ぐせを使いながら、ガッツポーズをします。

すると、その場で「よし、やるぞ！」という気持ちに切り替わるのです。

友人の営業マンにも勧めたところ、おもしろがって試してくれ、後日「気難しいお客様との商談の前にやったら、緊張がほぐれて明るくプレゼンできた」と、報告してくれました。

あなたも、やるべきことがあるのに、スッキリしない、イライラするなどというとき、こっそり個室にこもって小声で試してみてください。

トイレを出る頃には、新たな気持ちで意欲がわいてくるはずです。

23

「なんとかなるよね」

いい口ぐせを心がけているのに、なかなか効果が感じられない。

そんなときは、無意識のうちにネガティブな言葉を使っていないか、チェックしましょう。

会話中、「最悪！」を連発する友人。

仕事が忙しくなると「貧乏ヒマなし」を繰り返す同僚。

そんなネガティブな言葉を無意識に口にしている人、案外多いものです。

あなたの周りにもいませんか？　そしてあなたはどうでしょう？

ネガティブな口ぐせは、たとえ無意識に使っていたとしても、実は、とても影響力が大きいのです。

なぜなら潜在意識は、自分の発する言葉を現実として受けとめ、言葉通りに素直に実現するように働くからです。

あなたがもし、「最悪！」を連発すれば、脳は「最悪なんだな」と受けとめ、「最悪」を引き寄せようと力を尽くします。

そうなると、いくら意識して良い口ぐせを使っても、無意識に連発するネガティブな言葉に強く影響を受けてしまい、良い口ぐせの効果が、かき消されてしまうのです。

ですから、ネガティブ言葉を使っていることに気がついたら、すぐさま、プラスに言い換えてみてほしいのです。

予期せぬ出来事が起きたときは、「最悪！」ではなく、「なんとかなるよね」。

「景気よさそうですね」とほめられたら「貧乏ヒマなしですよ」ではなく、「〇〇さんのおかげです」「ありがとうございます」とさりげなく答えましょう。

細かい作業を頼まれ「うわっ、めんどくさい」といいそうになったら、「工夫のしがいがある。効率良い作業方法を見つけるチャンス」といいましょう。

まるでゲームのように、自分のネガティブな口ぐせを言い換えていくと、楽しくなって、次から次へと良い口ぐせが浮かんできます。

それを何度も繰り返すうちに、良い口ぐせが無意識に口から出るようになったら、大成功です。

24
「今のなし、な～し」

「ネガティブな言葉を口に出さない」と決め、言い換えるように心がけていても、うっかり言ってしまうことがあるかもしれません。

そんなとき「また、言ってしまった。私ってだめだなあ」「何で、やめられないのかな」などと、そのことを気にして自分を責めないようにしましょう。

脳に「だめな自分」ばかりがインプットされてしまうからです。

ネガティブ言葉を発したことに気づいたら、「今のなし、な～し」「キャンセル」などと、明るく宣言しましょう。

私は、これらの言葉を「消しゴム言葉」と呼んでいます。

そう、ネガティブな思いもネガティブ発言をした後悔の思いも、スッキリ心から消してくれる、魔法の言葉です。

「消しゴム言葉」を口にしながら、同時に消しゴムで消すイメージを浮かべると、さらに効果的です。

消しゴムでゴシゴシ消して、すっかりきれいになったイメージを描くと、ネガティブな感情も、おもしろいほど消えていきます。

子どもの頃、いろいろ書き込んだノートのページを、消しゴムできれいに消すと、なんだか気持ちがスッキリした経験をしたことありませんか？

そのときのように、ネガティブな感情を、消しゴム言葉でゴシゴシ消してしまうのです。「ゴシゴシ」と消す動作をするのも、良いかもしれません。

こうすれば、ネガティブな感情を抑え込むことなく、またその感情に罪悪感を持つこともなく、ただ単純に心から消し去ることができます。

消しゴムの消しかすは、残らずゴミ箱に入れるイメージをしましょう。

そのときに「ありがとう」と付け加えると、ネガティブな感情ともすっきり別れられるはずです。

この方法は、「イヤなことを、無理せず心から追い出せる」と、ビジネスパーソンにも好評です。

25

「目が覚めたら、きっと答えが見つかる」

仕事や人間関係で悩んでいるときは、そのことばかり考えてしまいます。「寝て忘れよう」としても、悩みが頭から離れず、悶々とするうち、結局寝不足になってしまった……、そんな経験をした人は、少なくないはずです。

そんなとき、心を悩みから解放し、眠りに導いてくれる口ぐせがあります。

まず、布団に入って楽な姿勢で横たわり「こんな問題があって、どうすればいいでしょう。教えてください」と、子どもが神様にお願いするように、つぶやきます。

そして、天にお任せする気持ちで、「目が覚めたら、きっと答えが見つかる」と、口ぐせを唱えるのです。

一回口ぐせを唱えただけでは、まだスッキリ忘れられないかもしれません。そんなとき、「口ぐせを言っているのにできない」と、焦らないでくださいね。眠りにつくまで、繰り返し言えばいいのです。

ときには、「ふか〜い、ふか〜い眠りに落ちていきます」とゆっくりと言うだけのときがあってもいいでしょう。

悩みそのものを意識から外して、眠りにつくことだけにイメージを集中させると、心が予想以上に落ち着きます。

すると、いつしか心が安らいで、ぐっすり眠ることができます。

「目が覚めたら、きっと答えが見つかる」。この口ぐせを言うと、多くの場合、目が覚めた直後または数日以内に、解決策がパッとひらめきます。

「今日は、あの人に連絡してみよう」「こうするとうまくいくかもしれない」。こうしたひらめきが、問題の解決の糸口となってくれたことも、しばしばありました。

かつて、保険の契約件数がガタ落ちしたときも、この口ぐせのおかげで、契約する見込みのあるお客様と次々出会うことができました。

他にも、**「目が覚めたらいいアイデアが浮かんできます」「明日になったら解決策がやってくる」**などの言葉も、良いですね。

ぜひ、あなたの心にしっくりくる口ぐせを見つけてください。

26 「あー、幸せ」

「あー、幸せ」。この口ぐせは、私がカウンセリングや相談を通して、多くの方に伝えた中で、最も効果が高かったものの一つです。

「効果があった口ぐせベスト10」に入るほど、皆のお気に入りです。

ある営業マンは「お客様に会う前や後に、この口ぐせを使う。すると緊張感が消えて、表情が自然と笑顔になる。また、たとえ商談がうまくいかなくても、この口ぐせのおかげで、気持ちがリセットされる」と言います。

ある主婦の方は「夜、お布団に入ったら、必ず声に出していう言葉。子どもが言うことを聞かなくてイライラしたり、ママ友との人間関係で疲れたりしていた日でも、**『あー、幸せ』というと、イヤな気持ちがスッキリと消えて『今日も良い日だった』という気持ちがわいてくる**」と話してくれました。

私の場合は、朝起きたときや出勤するときに、よく使います。

朝に「あー、幸せ」とつぶやけば、「今日も素敵な一日になりそうだ」という思いが、心に生まれます。「今日はどんな人と会えるだろう」「どんな楽しいことがあるのかな」とワクワクした気持ちで一日をスタートできます。

初めて使うときや、あまり実感できないときは、最も効果が高い時間である、夜眠る前に試してみてください。

ふかふかのお布団の中で気持ち良かったり、お風呂のあとで身体がリラックスしていたりしていると、さらにいいでしょう。その心地良さの中で、「あー、幸せ」と言ってみてください。

眠る前は、その日の気持ちをリセットし、明日へ向かう大切な時間です。

このときに、脳が幸せなことにスポットを当ててくれると、穏やかな一日の終わりを迎えることができて、翌朝も目覚めと同時に幸せを感じさせてくれるからです。

こうして毎日、幸せなことにフォーカスすれば、たくさんの幸せを感じることができます。そして、**その幸せな状態が、また新たな幸せを磁石のように引き寄せてくれるという、プラスのスパイラルにもなっていくのです。**

27

「半年前よりも、成長している」

私はこれまで、20年以上、たくさんの人の相談にのってきました。そのなかで、同じような状況にあり、似た悩みを持つ人たちに、口ぐせを使うアドバイスをしても、人によって結果が違うことに、あるとき気づきました。

たとえば、職場で上司との人間関係に悩むAさんとBさん。私は、それぞれの性格を考えて、アドバイスをしました。その後、Aさんは、上司との関係を改善できましたが、Bさんは状況があまり変わりませんでした。いったいどうしてでしょうか？

実は、Bさんは、自分を人と比べがちで、「自分はダメだ」と劣等感を持ちやすい性格だったのです。それだと脳が、ダメな自分にフォーカスしてしまい、何ごともうまくいかないように仕向けてしまうので、アドバイスの効果が出にくかったのです。

あなたが、もし、つい自分を人と比べてしまいがちなら、ぜひ、その習慣を手放すようにしてください。しかし、そうは言っても、「そんな簡単にはやめられない」と思うかもしれませんね。それなら、人と比較するのではなく、「過去の自分」と「今の自分」を比べるよう、頭を切り替えていきませんか。

「3か月前の私より、プレゼンがうまくなった」「半年前の僕と比べて、彼女の話を聞く気持ちの余裕が増えたぞ」というように、自分の昔と今を比べるのです。そして、必ずこの言葉を続けてください。「自分は成長している！」と。

この口ぐせを使うようになると、自分の成長に意識が向きます。

私たちは、スポーツ選手などのように記録が残る場合を除いて、あまり自分の成長に目を留めることはありません。

でも、それはもったいないことです。なぜなら、どんな人も、常に成長しているからです。あなたも、新人の頃と比べれば、仕事の内容や進め方が、格段に進歩しているはずです。

他人との比較が減り、自分の成長を確認することができれば、達成感が生まれます。

その達成感は、さらに前に進むエネルギーとなり、あなたをどんどん進化させてくれるのです。

第3章
ホッと安心！人間関係がうまくいく口ぐせ

周りの人との関係が良好であれば、
毎日が楽しく、心地よく過ごせます。
お互いに信頼しあえる関係を築ければ、相手を尊重し、
自分らしさも発揮できて、いいことがたくさんあります。

ここで紹介する口ぐせを使って、そんな毎日をおくりませんか？
ちょっとした人間関係の改善も、口ぐせを使えば、自然にできます。
さりげない一言から、あたたかい関係を築いていきましょう。

28

「私は○○さんと相性がいい」

「会社を辞める人の、悩みのトップは人間関係だ」という話、あなたも聞いたことがあるでしょう。

私も、職場の人間関係にまつわる相談を、これまで数多く受けてきました。

「同僚に言ったことを、誤解して受け取られた」「先輩と組んでいるが、口調がきつくて言い返せずにつらい」「仕事の遅れを上司に説明したら、頭ごなしに『君が原因』と決めつけられた」など、いろいろなケースがありますが、こうした経験をすると、多くの人が、「あの人は苦手」「相性が良くない」と思ってしまいます。

でも、どれだけ苦手な相手でも、会社の人間関係であれば、避けては仕事ができません。だから、職場の人間関係で悩む人が多いんですよね。

私は、そういうときこそ「○○さんと相性が良い」という口ぐせを勧めています。「そんなの無理！」という方には、代わりに「『〇〇さんと、相性が良くなりつつある』から始めてください」とお話しします。

なぜなら、まず、自分の心のバランスを保ち、マイナスの気持ちをリセットするためです。次に、相手に対する苦手意識をなくし、心から「相性のいい相手」だと思えるようにするためです。

苦手な相手が言うことは、ちょっとしたことでも「むかっ」としてしまうことはないでしょうか。自分の好きな相手が、同じことを言ったとしたら、「いいよ、いいよ」と、笑って聞き流せることはよくあります。

私は、そうした「苦手意識」が、マイナスの気持ちを引き起こしていると思っています。

ですから、**「私は〇〇さんと相性がいい」と繰り返し口にすることで、苦手意識をなくし、フラットな心で相手と対応できるようになります。**

そして、次第に相手との関係が改善してくるのです。

そうなれば、今まで「イヤな人」と思っていたのに、相手の良い点に気づけるようにもなるかもしれません。

29

「そういうところ、好きですよ」

「取引先のお客様と打ち解けて会話ができるようになりたい」「初対面のお客様とでも、良い印象を持たれるようにしたい」。そんな気持ちを抱えるすべての方に、必ず役に立つ口ぐせをご紹介します。

それは、**相手の「いいな」と思う点を、素直に「それ、素敵ですね」「そういうところ、好きですよ」と、言葉でしっかり伝えることです。**これは、相手が男性でも女性でも、年上でも年下でも、関係ありません。

一つ気をつけてほしいのは、恋愛感情や口説き文句のように言わないこと。その人の性格や美点を「人間として好き」というニュアンスを込めることです。

「お会いしたのが初めてのような気がしません」「あなたとは、一緒にいると心地いいんですよ」というのも、いいですね。

好感を持たれているとわかれば、どんな人でも喜びます。そして相手は、自分の良い点に気づいてくれたあなたに好意を持ち、心を開いてくれるでしょう。

以前、取引先の社長が、仕事で大きな決断をした話をしてくれました。そんなとき私は、「社長のそういうところ、僕、好きですよ。勇気ありますよね」などと、話の流れの中でさりげなく言うこともあります。

すると、相手はあなたに自分のことを知ってもらいたいと、もっと自分の好きなこと、興味があることなど、話してくれるかもしれません。

この社長は、そのときの会話をきっかけに、仕事のコツや処世術など、普段だったら到底聞かせてもらえないような、貴重な話をしてくれました。

この口ぐせは、それほど親しくない人にも使うことができます。たとえば、受付の女性には「〇〇さんのネイル、清潔感があって、好きですよ」、宅配便の配達のお兄さんにも「髪切りはったんですね。さっぱりしていい感じです」と言うこともあります。

好意を示された相手が喜んでくれれば、あなたも良い気持ちになるはずです。

そして、お互いに心を開いた、一歩進んだ関係が築けるでしょう。

30

「うんうん」「そうか」

相手ともっと仲良くなりたい。心を開いて話ができる関係になりたい。

そう思ったときに、どんな相手にも効果を発揮してくれる口ぐせがあります。

それは相手が話をしているとき、「うんうん」と言って、うなずくことです。

「え、たったそれだけ？」と思ったら、ぜひ一度、試してみてください。

私は、誰と話をするときも、このことを意識するようになってから、とてもたくさんの人から信頼してもらえるようになりました。

このことに気づいたのは、ある男性から、「上司とうまくいかないので、会社を辞めることも考えている」と、相談を受けたときです。

「いつごろから、関係が悪くなったか」「原因と思われるできごとはなんだったか」など、数時間もの間、ほとんど彼がしゃべりっぱなしでした。私はただうなずいたり、「うんうん」「そうか」と、相槌を入れたりするだけでした。

「あまりアドバイスもしていないけど、いいのかな」と、思いましたが、彼はその後も、毎月のように「話を聞いてほしい」と連絡をしてきます。

そんなことが数か月続いたので、私は彼に「ぼくで役に立ってるの？」と、尋ねてみました。するとと彼はこんなことを言ってくれたのです。

「いつもぼくの話を一生懸命聞いてくれる。何より、自分を否定されないのがうれしいんです。これまで家族から、『ここが悪い』『ここを直せ』と言われ続けました。今回のことも『あなたにも悪いところあるんじゃない』と言われました。でも元山さんは違う。元山さんに話を聞いてもらうだけで元気がわいてきます。ようやく自分を認められた気がします」

それを聞いて、私は気づいたのです。

話をうなずきながら真剣に聞くことで、相手は「認められた」と感じて、自己肯定感につながるということを。

そしてそれにより、相手から強い信頼を得られるのです。

自分が話をして、自分のことを知ってもらうだけが、人間関係を深くするのではありません。**まずは、相手に共感するのがスタートです。**

なかでも「うんうん」と真剣に聞くことは、誰もができる方法なのです。

31

「ニッコリ笑顔は、最高のプレゼント」

私には、とびきり笑顔が印象的な、50代の友人がいます。

彼女の笑顔は、周りを勇気づけ、イヤなことを忘れさせてくれます。その素敵な笑顔に接するたびに、生きる希望がわいてくるほどです。彼女はいつも、その笑顔のファンに囲まれて、ますます幸せそうに見えます。


彼女はいつもニコニコしているので、私は勝手に「今まで苦労がなかったのかな。だから屈託のない笑顔ができるのかな」と思っていました。

しかしある日、彼女の過去を聞く機会がありました。

大病により手術を何度も受け、内臓の一部を失ったこと。ひどい裏切りにあい、人間不信に陥ったことなど、彼女の笑顔からは想像もできない、壮絶なものでした。

私は思わず、「それなのになぜ、笑顔でいられるのか」と、尋ねました。

すると彼女は「そりゃ私だって、つらかったし『何で自分だけ不幸なの』と自暴自棄になったこともある。でも、あるとき気づいたのよ。過去のつらいことを今もひきずっていたら、今の時間が無駄になる。それに笑顔で笑っていたほうが、つらいことを思い出す回数が自然と減るのよ」と言いました。

彼女いわく、以前は今のように笑うことがなく、周りにも暗い顔で接していたそうです。しかし、友人の「無理にでも、一日一回笑ったら」というアドバイスを実行したところ、笑っている間は、つらいことを忘れられることに気づきました。そこで、コメディ映画やお笑い番組を見て、積極的に笑うようにしたそうです。すると、ついに「いつも笑顔だね」と言われる彼女に、変わったのです。

この話を聞いて、私は**「いくら人生経験がつらくても、笑顔で生きるかどうかは、自分の心持ちで決めることができる」**と学びました。

彼女は笑うようになってから、それまでぎくしゃくしていた夫との関係も、改善したと言います。まさに「ニッコリ笑顔は、最高のプレゼント」。

彼女の笑顔は、周りに幸せな気分をもたらしただけでなく、彼女自身にも「素敵な夫婦関係」というプレゼントをしてくれたのです。

32

「そうでしたか」

お客様からクレームが入ってしまいました。

そんなとき、あなたはどんな口ぐせを使いますか？

私が良く使うのは、「そうでしたか」「そうだったんですね」です。

相手が何か言ったとき、ただ返事をするために繰り返すのではありません。

相手の話をしっかり聞き、相手の言いたいことを真摯に受けとめていることを、「そうでしたか」「そうだったんですね」の言葉で、きちんと伝えるのです。クレームが発生したときは、謝るのはもちろんのこと、相手の気持ちにしっかり共感することが、とても大切だからです。

私は、長年の営業の経験から、その重要性を痛感しています。

いくらこちらに非がないとしても、一度は必ず「そうでしたか」「そういう状況だったんですね」「そんなことが起こってしまったんですね」などと、相手の置かれた状況や立場に共感を示します。すると、相手が「わかってもらえた」と感じ、感情がおさまるきっかけになるからです。

また相手の気持ちに寄り添えば、あなたが責任を逃れたいのでなく、お客様の気持ちと向き合っているということが、しっかりと伝わります。

自分の意見を言うのは、そのあとです。相手は自分の言い分を受けとめてもらった後なので、意外とスムーズに話を受け入れていただくことができます。

相手に共感することが大切なのは、友人からの悩み相談においても同じです。

話の途中でよかれと思い「僕の場合はこうだったよ」「それはこうするといいよ」などとアドバイスをしても、「いや、それはお前の場合だから……」「そうしたところで、結局どうなるんだ」などと言われることもあるでしょう。

相手が聞く耳を持たなくなるのは、あなたが話の途中で意見を言ったことで、話をさえぎられた気がするからです。そして、わかってもらえていないと感じしまったからなのです。

まずは、「そうか、それは辛いね」とか「そうだったんだ。大変なんだね」とか、受けとめて共感する。その後に意見を言えば、意外と耳を傾けてくれて、「わかってくれてありがとう」と、感謝の言葉さえも出てくるかもしれません。

33 「この人は、私に何を気づかせてくれるの？」

「その人のことを考えるだけで、感情が乱れるほど苦手」「今は自分に元気がないので、苦手な相手に「『私は○○さんと相性が良い』『いいですね』の口ぐせを使うパワーもない」と、感じているあなた。

体力、気力が消耗しているときは、気分がネガティブになり、苦手な相手の愚痴や悪口をつい言ってしまいそうになるかもしれません。

でも、相手の愚痴や悪口は、絶対に言ってはいけません。

なぜなら脳は、言葉の中の主語を理解できないからです。

もし仮に私が「○○さんは意地悪だ」と言ったとしても、私の脳は「おまえは意地悪だ」と攻撃されたのだと錯覚して、ストレスを感じてしまいます。

つまり、他人の悪口を言ったつもりが、自分の悪口を言っているのと同じ状態になるのです。人の悪口を言うのは、自分を非難して自信を失わせ、人間関係にも悪い影響を及ぼします。

私は「苦手だな」と思う人は、あなたが乗り越えるべき課題に気づかせてくれるために、存在をしているのだと思っています。

「どうしても苦手」と思う人がいたら、自分にこんな質問をしてみましょう。

「この人は、なにを私に気づかせてくれるの？」

「この状況から、学べることはなに？」

すると脳は、「意地悪と感じたその人の行動が、どんな気づきをもたらせてくれるのか」と、探し始めます。

たとえば、人の話を聞かずに、怒ってばかりいる上司は、あなたにも「同僚の意見を聞きなさい」と教えてくれているのかもしれません。

また、なにかあるたびに自分の意見を主張してくる同期は、あなたに新しい視点をもたらしてくれているかもしれないのです。

この口ぐせを使えば、「イヤだな」と思う気持ちが確実に軽減されます。

苦手だと思う人を、違った角度で見られるようになるからです。

「苦手な人」に会うたびに、この口ぐせが習慣になれば、いつか「私に気づかせてくれてありがとう」と思える日が来るかもしれません。

34

「ええんちゃう？」「よろしおすなあ」

もう一つ、苦手な人や意見があわない人と、うまくやっていくための効果的な方法をご紹介しましょう。

それは、何を言われても、さらりと受け流し、気に留めないことです。

世の中には、意見が合わない人はたくさんいます。

なぜなら、１００人いれば１００通りの考えがあるからです。どれが正しいわけでも、まちがっているわけでもありません。

ただ、考え方が違うだけなのですから、イライラしたり、「私って人とうまく合わせられない」と、自分を責めたりする必要はありません。

たとえば、職場の同僚の中には、やたら「このやり方が正しいから、そうすべき」と主張してくる人がいたりします。

その人の意見に、一度は耳を傾けるのもいいでしょう。なぜなら、その人は、何か新しい気づきを与えてくれるかもしれないからです。

しかし、意見を聞いた上で、「自分はそうしなくても良い」と判断したら、「そういう考え方もありますね」と、相手の意見を受け流してしまうのです。

とはいえ、「何を言われてもサラリと流す」ようにしようと思っても、すぐには難しいかもしれません。そんなときこそ口ぐせの力を借りましょう。

私の場合、こういうときに使うのが、「よろしおすなあ」という京ことばです。

これは、「本当に素晴らしいですね」と肯定的な意味になる場合もあれば、「どうでもよろしい」と軽く否定したいときにも使われています。

大阪なら「ええんちゃう？」、関東なら、「いいかもね」がそれにあたる言葉でしょうか。あからさまに否定したり断ったりする言葉ではないので、表向きは肯定の意味に受け取られます。だから、角が立たないのですね。

こうした言葉を「あなたの言いたいことは、聞いていますよ」と、やんわり伝えるために、うまく使えばいいのではないでしょうか。

人とぶつからないためにも、時には「さらりと流す」。

あえてぶつからない、大人のテクニックです。

35

「生んでくれて、育ててくれてありがとう」

あなたは最近、いつ親に「ありがとう」と言いましたか？

大人になってから、面と向かって「ありがとう」というのは、照れくさいですよね。

でも、あなたが今この世に存在するのは、ご両親のおかげです。

一度だけでいいのです。ご両親に「生んでくれてありがとう。育ててくれてありがとう」と言ってみませんか。


ある企業では、新入社員に初めてのお給料を出すときに、親にプレゼントを買い、「今まで育ててくれてありがとう」と言うことを義務づけています。

すると、親は感動のあまり泣き出したり、企業の社長にお礼の電話をかけたりするそうです。そして、これをきっかけに、ぎくしゃくしていた親子でも、関係が驚くほど改善されることが、これまで何度もあったそうです。

私の場合も同じでした。

アルコール依存症で苦しんだ20代には、意識不明で入院することもあり、母親は他界していたため、父親にかなり心配をかけました。

その後、お酒をやめて、仕事にもつくようになりましたが、父親には、アルコール依存症のときに見守ってくれたお礼を、なかなか言えずにいました。

そんな私が、父に感謝の気持ちを伝えると決意したのは、48歳のときです。

なんとなくぎくしゃくしていた父との関係が、いつも心の底にあったため、「このままではいけない」と、父親に会いに行ったのです。

「僕の誕生日やから」と言い、母の仏壇に手を合わせたあと、思い切って「ありがとう。あなたの子供でほんまによかった！」と父をハグしました。

思いがけない行動に、父は一瞬戸惑いました。でも、その後、「ありがとう」とつぶやいた父と、私は、しばらく抱き合ったまま泣いていました。

その瞬間、何十年も積み重なっていた、お互いの心のわだかまりが、スーッと消えていったのです。

その日を境に、父親との関係は、とても良好になりました。感謝を伝えることで、長くわだかまった関係が良くなるとは、夢にも思っていませんでした。

36 「おかげさまで、今の自分がある」

何かの記事で読んだのですが、「おかげさまで」という言葉は、外国人にとっては、とても不思議で理解し難いのだそうです。

「誰に対してお礼を言っているのか」「自分が頑張って結果を出しているのに、なぜ相手の『おかげ』なのか」と、記事の中で外国の方は質問していました。

「おかげさまで」の意味は、「他人から受けた助力や親切に対して、感謝の意味を込めていう言葉」です。目の前の相手だけでなく、多くの人に支えられたことや「神仏の庇護」への感謝という思いも含まれているそうです。

私はこの記事を読んで、日本人の感性の美しさにうれしくなりました。

それでも、仕事や家事などで忙殺されて余裕がなくなると、「おかげさまで」と思う心の余裕も失います。「おかげさまで」ではなく、「やってもらって当たり前」と思ってしまうこともあるでしょう。

そんな自分にハタと気づいたら、私は、「おかげさまで」の口ぐせを積極的に声に出すようにします。すると、改めて、自分は「おかげさまで」と言える状況にあることが見えてくるのです。

そもそも、保険の仕事は、お客様がいてくださるから成り立ちます。おかげさまで、収入をいただくこともできます。また、事務所のスタッフさんは、私の資料を用意してくれたり、書類を作成してくれたりします。他にも、私の名刺を印刷してくれる人、仕事で必要なスーツを販売してくれる人など、仕事だけに限っても、多くの「おかげさま」に気づけます。

すると、周りへの感謝の念がわき、自然と謙虚な気持ちになります。そして、そこでまた、「おかげさまで」という言葉を使えば、相手にその気持ちが伝わり、信頼関係を築くことができるのです。

夢を叶えるのは、自分一人の力では不可能です。**「おかげさまで、今の自分がある」を口ぐせにすると、周囲からの恩恵に気づきやすくなります。**

もし、今のところ直接、恩恵を受けていない相手でも、いつかまわりまわって「おかげさま」となることもあり得ます。

どなたに対しても失礼のない言葉ですので、積極的に使っていきましょう。

37

「一期一会、今この瞬間を大切にしよう」

人間関係を豊かなものにする上で、どうしても皆様にお伝えしたい、そして、大切にして頂きたい口ぐせがあります。

それは「一期一会《いちごいちえ》」です。「一期一会」とは、茶道の秘伝書にある言葉です。茶会は毎回、一生に一度だという思いを込めて、主《あるじ》と客の両方が、誠心誠意、真剣に行うべきと説いています。転じて、**「出会いは一生に一度かもしれないから、大切にしよう」**と言う意味で、使われることが多くあります。

私がこの言葉を大切にしたい理由、それは私のつらい経験からきています。

私が断酒に関するカウンセリングを始めて、まだ間もないときのことです。

ある日、カウンセリングを依頼した人が私に会いに来ました。どうやら直前にお酒をかなり飲んできたようで、かなり酔っぱらっていました。

そんな状態ではカウンセリングをしても、いい結果は出ません。そこで私は、「申し訳ないが、酔った状態ではうまくできないので、来週、お酒を飲まずに来てくれませんか」と言って、その日は帰ってもらいました。

ところが、その人は、一週間後に来ることはありませんでした。それどころか、もう二度と会えなくなってしまいました。

実は約束の数日前、彼は事故で亡くなってしまったのです。

彼の「相談に乗ってほしい」の願いを、私は叶えてあげられませんでした。

自分もそうでしたが、お酒をやめたくてもやめられないのが、アルコール依存症の人です。そんなこと分かっていたのに……。

「もしあの日、私が相談に乗っていたら、彼は事故にあうこともなかったかもしれない」、相談に乗ってあげられなかった自分を、何度も責めました。「事故はあなたのせいじゃない」と言われても、心の痛みは消えませんでした。

このことがあってから、私は「一期一会」を強く意識するようになり、今この瞬間を精一杯、大切に接するのだと肝に銘じました。**今が二度とないなら、相手の立場になり何を伝えるべきかを、常に意識するようになりました。**

その大切さを、彼が死を通して教えてくれたのだと、今では思っています。

第4章 ワクワク！楽しい！仕事を成功に導く口ぐせ

「もっと楽しく仕事をしたい！」

「やりがいのある仕事がしたい！」

「いいお客様とたくさん出会いたい！」

あなたが心からそう思うなら、
口ぐせは、実現に導く、大きな力となります。

良い口ぐせを習慣にして、周りからも信頼され、
やりがいを持って働く理想の自分に、近づいていきましょう。

38

「私はとっても運がいい！」

あなたは「自分は運がいい」と思いますか？

私が尊敬する経営者の一人である、松下電器（現パナソニック）の創業者、松下幸之助さんは、入社試験の面接の際に、「あなたの人生は今までツイてましたか」と聞き、「ツイていた」と答えた人だけを採用したそうです。

「自分は運がいい」と信じている人は、運を引き寄せることができることを、一流の経営者は知っていたのです。

私も、普段から「ツイてる！　運がいい！」という口ぐせを、よく使います。そのおかげで「運がいい」と思える経験が、数え切れないほどあります。

たとえば、たまたま誘われて参加した勉強会で、偶然隣に座った人と仲良くなり、後日その人が大口契約を結んでくれたことがありました。

契約が落ち込んでいるときに、数か月ぶりに連絡をくださったお客様に会ったら、次々とお客様を紹介してくれたこともあります。

また、たまたまぽっかりと空いていた日に、「今日、今から会いたい」というお客様から連絡があって、契約につながったこともあります。

私と保険契約を結んだ会社で倒産した会社が一社もないのも、ありがたい強運だと思いますし、誇りに思っています。


「運がいい」と口にする効果は、もう一つあります。それは**「運がいい」と感じている人との縁が増えて、お互いにもっと運がよくなることです。**

「私が保険契約を結んだ会社で倒産した会社はありません。私とつきあうといいことありますよ」と自分の運の良さをアピールしたとき、「うちの会社もお願い！」と言ってくださる経営者のほとんどが、業績のいい会社でした。

私は、このように、「運がいい！」の口ぐせで、たくさんのいいお客様と出会うことができました。

あなたも、普段からこの口ぐせを使って、ビジネスの場での強力な効果を、実感してくださいね。

39

「ミスは成功へのステップ」

私が仕事をするうえで「口ぐせを知っていてよかった！」と、強く実感するのは、ミスをしてしまったときです。

なぜなら、ミスや失敗をしたとき、口ぐせを知っているのと知らないのでは、その後の心の立て直しや行動に、大きな違いがあるからです。

口ぐせを使う習慣がなかったときは、ミスをしたことに、とらわれてしまいがちでした。しかし、**口ぐせを使うようになってからは、口ぐせの力で気持ちを素早く切り替えることができるようになったのです。**

30代前半に、メーカーで主任をしていたときのことです。

あるとき、サイズが違ったり納期が遅れたりと、お客様への納品ミスが続きました。

これは明らかに、出荷をお願いしている工場の間違いです。

でも、お客様に対応するのは私です。何度も続くと「なんで自分が……」という気持ちになります。「こんな気持ちで仕事をするのはイヤだ」と思った私は、口ぐせを活用することにしました。本で読んだ「ミスは成功へのステップ」という言葉を「今度、工場の納品ミスがあったら使う」と決めたのです。

実際に、再びトラブルが起きたときにこの口ぐせを使うと、工場担当者を責める気持ちが、以前よりずいぶんとやわらぎました。

また、それだけではなく、次第に「なぜ、担当者はミスを繰り返すのだろうか」という点に、意識が向くようになったのです。

そして、それが、担当者と一緒に、改善策を考える行動に結びつきました。

その結果、工場のミスは激減し、担当者とのコミュニケーションも以前よりスムーズになりました。またそれだけではなく、お客様から、「工場との連携がよくできていて小回りがきく」と、おほめの言葉をいただくようになったのです。

このとき私は、**「口ぐせは、どんなマイナスのできごとがあっても、そこから良い方向に変える種を見つけてくれる」**と実感しました。気持ちを切り替え、前向きな状況に導いてくれるのです。

それから20年以上、仕事でミスが起こったときだけでなく、仲間が仕事で悩んでいるときに、この口ぐせを活用するようアドバイスしています。

40

「解決できない問題は絶対に起こらない」

仕事で口ぐせを活用する利点は、他にもあります。それは、「トラブルが起こっても、その問題に立ち向う気持ちを奮い立たせてくれる」ことです。

ビジネスの現場では、いくら努力しても、すぐには結果が伴わないことがよくありますよね。そんなとき、私はこんな言葉を使います。

「解決できない問題は絶対に起こらない」「私に起きることは全て、自分の成長につながる課題」「解決策は、思いがけない方向からやってくる」

すると、問題に立ち向かえる勇気が、心の奥からわいてくるのです。

また、問題解決に向けて色々と対策を講じても、事態が好転するまでに時間がかかることは、少なくありません。「このままうまく行かないかもしれない」、そう思うと、モチベーションを保つことがつらくなることもあるでしょう。

私もメーカー勤めをしていた頃、プロジェクトが進まず、このままでは会社に損害を与えたまま撤退という事態に追い込まれました。

当時は朝から仕事のことで悩み、「プロジェクトから逃げ出したい」と思うこともしばしばでした。

そこで、そんな気持ちになったときは、「解決策は、思いがけない方向からやってくる」と、一日に何度も、繰り返しつぶやくようにしたのです。

厳しい状況が数か月続きましたが、この口ぐせを心の支えに、プロジェクトを立て直すまで、仕事をやり抜くことができました。

このように、ピンチを切り抜くために、口ぐせを活用している人は、私の周りにたくさんいます。

ある知人の飲食店経営者は、店にお客様が入らず、閉店することを考えていました。そのとき彼は、私のアドバイスに従い「問題の解決方法は必ずある」と繰り返して、お客様を呼ぶための策に、次々と挑戦したのです。

「『解決できないことは、起きない』と思うことで、くじけずに仕事が続けられた。おかげで、良いアイデアがひらめいた」と話していました。

その結果、経営は黒字になり、夢だった二店舗目を持つことができたのです。

41

「リストラは、ステップアップのチャンス」

私がリストラを言い渡されたのは、35歳のときでした。

会社の業績が傾きつつあったある日、朝礼で退社して欲しい人の名前を、社長が順番に読み上げたのです。重苦しい空気の中、3番目に私の名前が呼ばれました。「まさか私が……」「やはり、自分はダメな人間なのだ」と、目の前が真っ暗になりました。そして、これからどうしていいのか、まったくわからず、ただ落ち込むばかりでした。


不安に押しつぶされそうだった私は、信頼のおける友人に相談しました。

すると彼は、予想外の言葉を私に投げかけたのです。

「きっと、ステップアップできるチャンスだよ」

これはとても力強い言葉でした。根拠はなかったけれど、「もう人生終わりや」とさえ思っていた私の心に、一筋の光がさしたのです。

その言葉が再就職活動の支えになりました。来る日も来る日もハローワークに通い、求人票をめくり続けました。求人を見つけて、面接までこぎ着けるのは稀でした。しかし、友人の「ステップアップできるチャンスだ」の言葉を胸に、年齢の回数くらいは落ちる覚悟で通いました。

投げ出したくなったときは、この言葉を思い出しました。何度もつぶやき、心を奮い立たせ、再就職活動を続けたのです。この口ぐせは、活動中の心を落ち着かせてくれる「お守り」でもありました。

その後、無事、再就職が決まりました。口ぐせの力でしょうか、再就職先はリストラされた会社より規模の大きい会社でした。

当時を振り返ると、「可能性がある」、「ステップアップのチャンス」という口ぐせが、私の大きな原動力になっていました。口ぐせのおかげで、面接に何度も落ちてもめげることなく、心を切り替えて次に向かうことができたのです。

口ぐせは、夢を実現するパワーになる。

体験を通して、私の心に強く刻み込まれたのです。

42

「○○だから、よかった」

仕事上で起きるトラブルは、「解決できない問題は絶対に起こらない」という口ぐせで、必ず乗り切ることができます。しかし、自分の生まれ持った才能や育った環境、学歴などは、「変えようがない」とあきらめてしまいがちです。

でも、こうした、今の自分ではどうしようもないと思われることでさえも、口ぐせでプラスに転換していくことができるのです。

「経営の神様」と呼ばれる松下幸之助さんの言葉で、とても印象的なものがあります。

松下幸之助さんは、自分の境遇を振り返り、

「病弱なので、人の協力を得て成果をあげることを考えた。貧乏な家に生まれたので、強い欲望を持ち続けられた。学歴がないので、皆の知恵を集める習慣が身についた。だから、成功できた」という言葉を残しています。

いっけんマイナスに思えることでも、すべてプラスに転じられる。

松下幸之助さんは、そんな気持ちで仕事をし、見事に成功されました。

私は若いときにアルコール依存症になりました。そしてリストラにもあいました。これは、一般的にはマイナス要素です。

ですが、アルコール依存症で苦しんだ経験が、同じ悩みを持つ人のカウンセリングに活かされています。

またリストラされなければ、今の仕事に就いていなかったことを考えると、「リストラされてよかった」と思わずにはいられません。

こうした実体験を通して、私は、そのときは、マイナスに思えることでも、すべて「○○だから、よかった」という口ぐせを使えば、プラスに転じることができると学びました。

それまで未経験だった保険業界に転職したときも「経験がなかったからよかった」と繰り返しました。

すると、銀行や証券会社などから来た人たちに比べ、自由な発想で営業をし、ほかの人にはない提案をすることができたのです。

43

「せんみつ、千に三つは必ず当たりがある」

働きすぎが原因で体を壊したことがきっかけで、40歳のとき、仕事を辞めて独立する道を選びました。保険業界を選んだのは、「資金が掛からず、独立開業のチャンスがある」と考えたからです。

そこから、全く畑違いの業界での挑戦が始まりました。

保険業界では、開業を目指す人を対象に、一定期間、保険会社に就職して代理店経営者を育成する制度があります。ただしこの期間中、基準以上の成績を上げ続けられなければ、独立の道は閉ざされます。

当初私は、全く契約が取れず、なんと5か月間も契約件数がゼロでした。このままの成績では「１００％退職」というところまで、追い込まれてしまったのです。

その頃、お客様に電話をかけて、保険を勧める、いわゆる電話営業を、毎日続けていました。でも、会ったこともない営業マンの話に耳を傾けてくれる人は、百人に一人いれば良い方でした。ひたすら電話をかけても、断られるだけ。午後には心が萎える日々が、続いていました。

そんなとき思い出したのが、「せんみつ」の言葉です。「千あれば、三つは当たりがある」という意味で、これまで何度か耳にしたことがありました。

私はふと、「９９７回のはずれに焦点をあてて悲観するのではなく、３つの当たりに目を向けよう」と思いました。当たりに目を向けることで、電話営業のつらさを乗り切ろうとしたのです。

「せんみつ」のポイントは、確率の低さやダメなこと、失敗したことなどのマイナス面を見るのではなく、当たりは必ずある、そして、成功は必ずやってくることにフォーカスすることです。そうすることで、仕事のやる気を維持できるのです。「可能性はゼロではない、必ず成功する」と確信して、やるべきことを重荷に感じず、ゲーム感覚で楽しめば努力がつらくなりません。

私自身、考えが切り替わったことで、元気が出て声にも張りが出ました。やがて、徐々にですが確実に、契約が取れるようになりました。

仕事に疲れたら「せんみつ」で元気補給。これが勝利の秘訣です。

44

「あなたから学ばせてください」

仕事をもっと覚えたい、営業成績を上げたい、そんなときは上司や先輩に、自分から「学ばせてください」と言ってみませんか？

この口ぐせは、私が40歳でこれまでと全く違った保険業界に挑戦し、苦労の末、トップ営業マンになる過程で手に入れた成功の秘訣です。

仕事を早く覚えるコツは、うまくいっている人と同じやり方をすることだと言われています。成功している人がどんなやり方をしているのかを学び、その通りにまずはやってみるのです。

これはどんな仕事でも共通する、一番早い上達方法です。

私も保険の営業を始めた頃は、優秀な先輩の得意先にご一緒させてもらって、トークや資料を見せるタイミングなどを学ばせてもらいました。

自分は「こうしたほうがいいのではないか」と思っていても、最初はとりあえず真似をしてみます。そして、後から自分なりのアレンジを加えます。
するとと、最初から自分の考えで営業をするよりも、ずっとスムーズに、コツを身につけることができるのです。

そんなとき**「学ばせてください」と言ったことで、嫌みなく受け入れてもらえ、丁寧に教えてもらうことができました。**「こいつは素直で腰が低いから、ついつい教えてやりたくなるんだ」と言われたこともあります。できる人を味方につけることができたら、成功への道のりはぐっと近くなります。

この口ぐせの良さはそれだけではありません。**口ぐせの通りに「学びたい」という気持ちがわいてくるのです。**私は、この口ぐせを繰り返したおかげで、年下の先輩社員でも、素直な気持ちで教えを請う気持ちにもなれました。

よく、先輩に「教えてください」という人がいますが、受け身に聞こえることがあります。「学ばせてください」のほうが自発的に聞こえ、印象が良くなるはずです。

45

「私に任せてください！」

私が保険業界に転向した新人時代、「契約件数ゼロ」の〝落第生寸前〟から、どんどん契約がとれる自分に変わるために心掛けたことは、他にもあります。

口ぐせを使いながら、「どんどん契約を結べる自分」をイメージしたのです。

営業成績のいい先輩は、お客様との電話で「ご契約いただき、ありがとうございます」と、よくお礼を言っていました。そこで自分も、お客様と契約が取れた場面をイメージして、「ご契約いただき、ありがとうございます！」とお礼を言っている姿を、ありありとイメージしました。

また先輩は、上司に「今月の目標は達成できるか？」と聞かれると、「任せてください！」とよく答えていました。

それをまねて私も、**「大丈夫です。任せてください！」と自信を持って答えている自分をイメージしました。**

家に帰って、口ぐせを実際に声に出して、言ってみることもしました。

また朝礼で、先輩が成績優秀者として表彰されると、その姿を自分に置き換えて、優秀者として表彰されるイメージを膨らませました。同時に、表彰されたときに喜んでいる自分もイメージし、喜びに浸りました。

しばらくすると、不思議なことに、こうしたイメージ通りのことが、どんどん実現していきました。

徐々に契約件数が増えていき、私の成績は急上昇。半年後には、単月の営業成績で、なんと全国トップクラスの仲間入りを果たしました。自分でもびっくりするほどの成果でした。

そのとき以降、年間優秀賞も何度かいただくようになり、**ついには、マネをしていた先輩の営業成績を抜くこともできるほど、優秀な営業マンに変身していました。**

イメージしていた通りに、胸を張ってお客様に「私に任せてください！」と言える自分になれたのです。

自分のなりたい姿をイメージしながら、口ぐせをつぶやくことは、イメージ力と口ぐせの力が相乗効果を生み出す、強力な〝魔法〟になるのです。

46

「お客様に、得してもらおう」

保険の仕事を始めてすぐに起きた、忘れられないできごとがあります。

ある経営者の方に、保険をご説明する機会をいただいたときのことです。

これまでにない規模の大きな会社の経営者だったため、私は、「こんな大会社の社長が納得する良い提案ができるのか」と、不安でいっぱいでした。

それでも私は、たくさんある保険のなかから、お客様に合ったプランを一生懸命探し、お会いしたときに、誠心誠意、説明させていただきました。

そのときは、自分ではベストを尽くしたつもりでしたが、今から考えると、熱意だけが空回りする下手な説明だったと思います。

ところがそのお客様は、なぜか、私を通して保険に入ってくださったのです。

後日、そのお客様に、「なぜ保険に入ってくれたのか」質問をしたことがあります。

そのときの答えは、その後の私の仕事観を変えるほどの衝撃でした。

「君は、説明は下手だし、話もうまくなかった。ただ君は、僕に損をさせないで得をさせようと一生懸命だった。『僕に合った保険を紹介したい』、そんな熱意を感じたから、『同じ保険に入るなら、君から入りたい』と思ったんだ」

その一言は、その後、私が仕事で目指す方向を決定付けました。

そして私は、こう決意したのです。

「お客様に喜んでもらうプランを案内しよう。保険を通して、お客様の会社を全力で守れる仕事をしよう」。まさに、人生を変えた一言でした。

それから私は、いつもお客様に喜んでもらう姿をイメージしながら、仕事を進めるようになりました。**よく思い浮かべるのは、お客様が「こういう保険に入りたかったんだよ」と喜んでくださる姿です。**

前述のお客様は、その後、私の働きぶりを見て、会社の保険だけでなく個人の保険にも入ってくださり、たくさんのお客様も紹介してくださいました。

お客様の立場になり、お客様の得を心から考えて一生懸命提案をすれば、「応援したい」と思ってくださることもあるのだとわかりました。

だから私は、常に「お客様に、得してもらおう」と考えて、初心を忘れず、ご提案をするようにしているのです。

47

「いつも応援ありがとうございます」

私は、人と会ったときは必ず、「いつも応援ありがとうございます」を口ぐせにしています。また、電話やメールの結びにもこの口ぐせを使います。

この口ぐせは、とにかく保険に加入していただけそうなお客様を増やしたくて、会う人ごとに「お知り合いの方をご紹介願えますでしょうか。いつも応援ありがとうございます」と、言ったことが始まりでした。

まだ紹介してもらっていないのに、**「いつも応援ありがとうございます」と、未来を先取りして、お礼を口にしていたわけですね。**

でも、この「未来を先取りする」というのが、よかったようです。

お願いした方々の多くが、少なくとも一人は紹介してくださいました。

「ありがとうと言われちゃ、協力しないわけにいかないよなあ」という気持ちを持ってくださったのかもしれません。

私自身も、この口ぐせのおかげで、お客様から「応援される私」であるための努力を続けなければと、自分を律することもできました。

私は、この口ぐせを使うようになってから、数か月で、見込み客と次々に出会うことができ、かなりの高い確率で契約をいただくことができました。

それは、保険代理店を開業し、独立してからも続きました。

私は、なんと、全国トップクラスの成績を、24か月以上継続し、サンフランシスコで開催される表彰式に参加させていただくことができたのです。

トントン拍子でうまくいくといった良い巡り合わせは、人と人のご縁によって生じるものだなぁ、というのが私の実感です。

あなたも、「いつもお世話になっています」という挨拶に加え、「いつも応援ありがとうございます」と口にして、いいご縁を呼び込んでください。

そして、良いご縁をいただいたなら、「今後ともよろしくお願いします」という言葉を忘れずにしましょう。

「いつも応援ありがとうございます」は、多くの人に応援されるあなたになることができる口ぐせなのです。

48

「学ばせていただきました」

保険契約の更新のとき、お客様の事情で再契約がなされないことがあります。契約時と業務内容が変わった、知人に頼まれた保険に切り替えるなど、理由は様々です。

契約を打ち切るお客様に対して、同じ業界の営業マンの中には、「あの人に契約を切られた」などとグチを言う人もいます。

もちろん私も、契約を打ち切られることは、ショックです。

しかし、今まで大切なお客様だったのですから、そんな言葉を決して使うべきではないと、私は思います。

そんなときに、私がよく使う口ぐせは、「学ばせていただきました」です。

ビジネスに限らず、プライベートな人間関係でも、誰かと関係を結べば、必ず相手から学ぶことがあるからです。

また、人との縁は、始まるときがあれば、終わるときもあります。

ご縁が終わるときは学校の卒業に似ていると私は考えています。

小学校でも中学校でも、卒業するときは級友と会えなくなるのが寂しかった。それでもその後、必ず新たな出会いや学びが、必ず待っていました。

そうした経験を繰り返して、私は卒業したことを懐かしく思い、感謝することはあっても、寂しいと思うことはなくなりました。

ビジネスのご縁も同じです。仕事を続けている限り、必ず人とかかわる機会がありますし、卒業後は必ずまた、新たな出会いや学びが訪れます。

さらに「これまでありがたく、学ばせていただきました」という口ぐせには、今までの感謝だけでなく、自分はさらにステップアップして、もっと学び続けていくという意味も含まれています。

次はさらに長続きするお客様や、ビジネスパートナーとして関係を築けるお客様と出会えるという暗示を、自らにかけていると言えるのです。

この口ぐせを使うようになってから、私は、お客様の対応に心を乱すことは、かなり少なくなりました。

第5章 周りも幸せ！あなたも幸せ！みんなが輝くほめ口ぐせ

ほめ言葉を口ぐせに生かすと、
周りの人との関係が、どんどん良くなります。
相手の良いところを、繰り返し、自然な形で伝えられるからです。
あなたにほめられることで、周囲の人は、幸せな気持ちになります。
そして、あなたに対して、好意を寄せてくれるようになり、
あなたの周りに、幸せに輝く人の輪が広がっていきます。

ほめ言葉を口ぐせに生かして、人をほめる達人になりましょう。

49

「今日もきれいだね！」

私は、長年、口ぐせの研究をしながら、「人との関係をよくするために、口ぐせを役立てられないか」と考えてきました。

そして、あるとき、口ぐせを使って人をほめる、「ほめ口ぐせ」を習慣にすれば、人間関係が劇的にスムーズになることに気づいたのです。

そしてある日、私は知り合いの社長から、興味深い話を聞き、「ほめ口ぐせ」の効果に確信を持ちました。この社長は、奥様に「ほめ口ぐせ」を使うことで、熟年離婚の危機を乗り越えたのです。

社長は50代後半の男性、奥様も同年代です。社長は仕事に忙しく、奥様に対して、用事以外はほとんど話しかけない日が長年続いたため、ほとんど会話がない、冷めた関係になっていました。

ある日、社長は、尊敬している人から「**毎日、妻との会話にほめ言葉を使うと、夫**

婦関係が良くなるよ。特に『きれいだね』と言ってごらん」と聞き、半信半疑ながら、この「ほめ口ぐせ」をやってみることにしたのです。

社長は、朝起きて奥様と顔を合わせたら、必ず「今日もきれいだね」と声をかけることにしました。最初のうち、奥様はとても驚いて、「きれい」と言われても、素直に受けとめられず、目をそらされていたそうです。

それでも社長はめげずに、毎朝必ず、「今日もきれいだね」と言い続けました。すると、そのうち奥様は「ありがとう」と返してくれるようになったのです。

社長は、奥様の反応が変わったので、ほめ言葉を言うのがうれしくなり、「その服いいじゃない」「今日のおかず、おいしいね」など、ほめ言葉をたくさん使うようになりました。すると、奥様は、ますます喜び、今度は、夫である社長に、「そのスーツ素敵よ」と、ほめ言葉を返してくれるようになったのです。

その結果、このご夫婦は会話も増え、二人で出かけることも多くなり、結婚したばかりの頃のように、仲良くなったそうです。

実は、この社長のほめ口ぐせの効果は、これだけにはとどまりませんでした。奥様の外見にも、大きな変化をもたらしたのを、次にご紹介しましょう。

50

「今日もイキイキしていますね」「姿勢が良いですね」

前ページで紹介した、50代の社長夫婦のその後の話です。

社長が奥様に、「今日もきれいだね」のほめ口ぐせを言うようになったら、二人の関係が改善しただけでなく、奥様の外見が劇的に変化し始めたのです。

まず奥様は、家にいるときも、おしゃれに気を遣うようになりました。

やがて、表情もはつらつとして、動作もイキイキし始めました。

奥様いわく、「きれいって言われたら、きれいでい続けたいと思うようになったの。オシャレや、若々しくなる情報に敏感になった」のだそうです。

奥様はやがて、年齢より10歳近く若返って見えるようになったそうです。

この話は、女性をほめる大事なコツを、私に教えてくれました。

女性がほめられて喜ぶのは、まず外見です。見た目がいいと言われることが、多くの女性にとって自信につながるからです。

女性にとって最強のほめ言葉が「今日もきれいだね」です。この言葉は、女性の「きれいスイッチ」をオンにして、もっと輝かせてくれるのです。

また、ただ「きれいだね」というだけでなく、「今日も」と一言、プラスすることで、効果がさらに高まります。知り合いの女性に聞いたのですが、**「〝今日も〟がないと、思いつきで言われた気がして、素直に受け取れないときもある。〝今日も〟や〝いつも〟がついただけで、本当にそう思っているんだと、うれしくなる」**のだそうです。

他にも、「イキイキしていますね」「姿勢が良いですね」とその人の動作の美しさをほめたり、「歯並びがいいですね」「指が長いですね」、「爪の形がきれいですね」などと、パーツの美しさをほめるものの効果的です。

持ち物をほめるときも、「そのバック、すごく似合っている」「そのスカーフつけると、顔がイキイキする」など、「その人の美しさを引き立てている」意味を込めると、喜んでもらえるはずです。

もちろん、女性だからといって、外見ばかりでなく、性格や仕事ぶりなどをほめられて、うれしくないわけではありません。でも、まだ出会ったばかりでその人をよく知らない場合など、見た目をほめるのが一番効果的なのです。

51

「○○さんらしい時計ですね」

多くの人をほめてきた私の経験から申し上げると、男性は、女性のように外見をほめても、それほど喜んでもらえないことが多くあります。

実は、男性をほめるコツは、女性とはまったく異なるのです。

男性をほめるコツは、大きく三つあります。

1．雰囲気をほめる

男性は、「髪型」や「顔立ち」など、見た目やパーツそのものよりも、**その人が醸し出す雰囲気をほめると喜ばれます。**

たとえば、「ダンディですね」「貫禄がありますね」「おしゃれですね」などです。

一つ気をつけたいのが、「お若く見えますね」というほめ言葉は、男性にはあまり喜ばれないということです。

時と場合によっては、失礼にあたることもありますので、むやみに使わないようにしましょう。

2. 持ち物から感じられる、経済力やこだわりをほめる

男性に対しても、女性と同じく、持ち物をほめるのは効果的です。ただし、ほめ方のポイントが違います。

男性の場合、その持ち物を持つ「経済力があること」や「持ち物へのこだわり」を賞賛すると喜びます。

たとえば、相手のしている時計が目にとまったら、まず「その時計、素敵ですね。お似合いです」とほめます。すると、多くの場合「この時計、高かったんだよ」とか「この時計、限定品なんだ。日本に一つしかないんだよ」と、気に入っているポイントを話してくれます。

そうしたら、「さすが、こだわっていますね」と、そこをほめるのです。

もし、教えてくれなかったら、あなたが「オリジナルですか」などと質問して、何をほめたらいいのか、会話から推測するのもいいでしょう。

3. 仕事ぶりや能力をほめる

これについては、次の項目でご説明しましょう。

52 「すごいですね」「さすがです」

男性をほめる、三つめのコツは、仕事ぶりや能力をほめることです。

なぜなら、学校を卒業したあとの男性の評価は、ほとんどの場合、「仕事ができるかどうか」に左右されるからです。


それなら「男性は、仕事をほめればいい」と、やたらと「仕事ができますね」「やり手なんですね」と言っても、真実味がありません。

「じゃあ、相手のどこをほめたら良いの？」と思ったあなた。安心してください。

そのヒントは、相手との会話の中で見つけられます。

私はまず、相手の今の仕事内容や、これまでどんな仕事をしたかを、質問します。

そして、その答えから、「どうやってそんなに大きな取引先を開拓したんですか？」「部下に慕われるコツはなんでしょう？」などと、次の質問をするのです。

こちらが興味を持っていることが伝わると、相手は「自分のことをわかろうとしている」と、好印象を持ちます。するとお互いの距離がぐっと縮まり、相手に信頼してもらうことができるのです。

こうして質問をするときは、「この人から、仕事のコツを学ぼう」という意識を持つと、いろいろなことに気づかされます。そのポイントを素直に「すごいですね」「さすがです」と、さらにほめるのです。

すると、たいていの方は喜んで、うまくいかせたコツや具体例などを教えてくださいます。

相手が「もっと話したい」と思い、話が弾むと、思わぬ良いことが起こります。相手が今の仕事で何を求めているか、どういう点に困っているか、などを聞かせてもらえることも少なくないのです。

そして、そうした会話から、次の商談へのヒントが見つかることもよくあります。さらに、新たなビジネスのネタが見つかったり、別のお客様のご紹介につながったりしたことも、私は数多く経験しています。

53

「よくがんばっていますね」

同僚や部下、お客様にも、ぜひ使っていただきたい、ほめ口ぐせNo.1は、「よくがんばっていますね」「すごくがんばってらっしゃいますよ」です。

大人になると、子供のときと違い、周りから「がんばっているね」とほめられることが、ほとんどなくなってしまいます。

だからこそ、周りの人のがんばりに、気づき、認めてあげましょう。

「よくがんばっているね」という、たったひと言の口ぐせが、相手の心に響き、「自分は認められた」と感じさせるのです。

以前、知り合いの女性の相談にのったときのことです。

その女性はシングルマザーで、小学生のお子さんを育てながら、フルタイムで仕事をしていました。

私は、彼女の悩みにアドバイスをする中で、あまり意識することなく「あなたはよくがんばっているよ」と何度か口にしていました。彼女が仕事や子育てにがんばっていたので、つい口をついて出たのだと思います。

30分も過ぎた頃でしょうか？　彼女が急に泣き出したのです。

びっくりした私は「何か傷つけることを言いましたか？」と彼女に尋ねました。そのとき、彼女が答えた言葉は、予想外のものでした。

「『よくがんばってる』なんて、ここ何年も、誰からも言われたことがなかった。『よくがんばってる』と言われて、私のがんばりに気づいてくれると思ったら、ただうれしくなった」。彼女の涙は、うれし涙だったのです。

帰る頃には、彼女はすっかり元気を取り戻し「もうあまり無理せず、楽しく仕事をします」と、すっきりとした表情になっていました。

私たちは、誰もが一生懸命生きています。そして誰でも、自分のがんばりを認めてほしいと思っています。

あなたの周りにも、人知れずがんばっている人がいるはずです。その人たちに「気づいているよ」「よくがんばっているね」と伝えませんか。

「よくがんばったね」は、究極のほめ言葉です。

そのひと言で、相手は喜び、認めてくれたあなたに信頼を抱くでしょう。

54

「君ならできるよ」「あなたなら大丈夫」

同僚や後輩が、仕事の結果が出せずに弱気になっていたら、あなたならどうしますか?

多くの人は、「大変そうだね。つらい気持ち、よくわかるよ」と、共感を示すでしょう。相手の状況を理解してあげることはとても大切です。

でも、そんなとき、さらに相手にかけてほしい口ぐせがあります。

「君ならできるよ」、「あなたなら大丈夫」という言葉です。

この口ぐせは、相手が本来、力のある人だと認めて、その人を「信頼しているからこそ大丈夫」と、応援する思いが込められているのです。

この口ぐせを聞いた相手は、心細くなっていた心が勇気づけられて、「もう少しがんばろう」と、思い直すことができるのです。

以前、「大きなプロジェクトを任されて、自信がない……」と、悩む男性から相談を受けました。

その男性の仕事ぶりをよく知る私は、「君なら大丈夫。責任感があるし、細かい配慮ができるので、きっとできますよ」と伝えました。

その後もこの男性は、不安が解消しきれず、何度も相談に来ました。その度に私は、「君ならできるよ、大丈夫」と繰り返したのです。

それから、半年ほど経ったある日、この男性がその後の報告に来てくれました。彼は、以前とは見違えるように、笑顔が自信に満ちていました。

「元気そうだね」と言うと、プロジェクトが無事に、成功したことを教えてくれました。そして、「あのときは、本当にできるかどうか不安だった。けれど何度も『大丈夫』と言われるうちに、自分はできるかもしれないと気持ちに変わっていったんです」と言ってくれたのです。

もちろん、「大丈夫」のほめ口ぐせの力だけではなく、彼のがんばりがあったからこそ、プロジェクトは成功したと思います。

でも、口ぐせの力がそのがんばりの原動力となり、力を発揮できたと聞いて、私はとてもうれしかったのです。

55

「以前よりも、早くできるようになったね」

人をほめるとき、その人が成長したところをほめるのは、とても効果があります。「以前よりも、早くできるようになったね」「○か月前と比べて、プレゼンがうまくなった」「一年前と比べて、お客様への提案が、安心できるものになった」など、人と比べずに、過去のその人と比較してどの点が伸びたか、具体的にほめてあげるのが、ポイントです。

なぜ、その人の過去と今を比べるのかというと、自分ではなく他人と比較して「私はだめだ」と、自信を失っている方があまりにも多いからです。

私が誰かの相談にのっているとき、相手の長所について「こういうところ、すごいですね」と言ったとします。すると、多くの人が「○○さんと比べたら、まだまだです」と、否定するのです。

人と比べて「まだまだ」と思い、現状に甘んじず努力を怠らないことは、悪いことではありません。しかし私が気になるのは、「人よりもできない」から「自分はだめな人間」と自分を認めない人がたくさんいることです。

「そんなこと、もったいない！」と私は思います。

だからこそ、私は、過去のその人と現在のその人と比較して、良くなった点、成長した点をほめます。その人の成長に、気づいて欲しいからです。

意外と本人は、自分の成長に気づいていないものです。

私に言われて、「あ、本当ですね」と自分の成長にようやく気づき、笑顔になる人が、これまで何人もいました。

今度はあなたが、誰かの成長を気づかせてあげてください。

家族や仲間にも、このほめ口ぐせは使えます。

「以前より、料理がおいしくなった」「結婚した頃より、今のほうが頼りがいのある」など、良いところを声に出して伝えてあげましょう。

「ほめ口ぐせ」の最大の効果である、深い信頼に基づいた確固たる人間関係が築けるはずです。

56
「すぐにやってくれてありがとう」

ほめ口ぐせを使っていると、思わぬ効果が現れることもあります。しばしば、ほめた相手が「ほめた言葉の通りに、変わっていく」のです。

それに気づいたのは、数年前のあるできごとからです。

書類作成をしてくれるスタッフの一人に、おしゃべり好きな女性がいました。ときどき、おしゃべりに熱中して仕事がおろそかになることがあり、何度か注意しようと思いました。でも、「叱るだけでは反発を買うかもしれない」と思ったため、なんとか良い方法はないかと考えたのです。

そして「そんなときは、逆に、ほめ言葉を使ってみよう」と思いつきました。

その女性がおしゃべりをすることなく、素早く書類を作成してくれたときはもちろんのこと、スピードが必要な仕事を頼むときも、「いつも、すぐにやってくれてありがとう」という「ほめ口ぐせ」を使ったのです。

仕事をしてもらう前にもそう言うことで、「あなたは仕事が速い」ということを、彼女自身に強く意識してもらったのです。

この「ほめ口ぐせ作戦」をして３か月後、なんと彼女のおしゃべりは減り、いつでも素早く仕事をする人間に変わったのです。

キビキビと仕事をする女性に変わったのを見て、私は「口ぐせは、相手の意識を変え、行動をも変える力がある」と、強く実感しました。

他にも、笑顔が少ない女性に、笑う度に「素敵な笑顔ですね」と、繰り返しほめていたら、笑顔を見せる女性に変わったという経験もあります。

ほめ口ぐせには、相手の意欲や、本来持つ魅力、能力を引き出す力があるのです。

ただし、ほめ口ぐせを使うとき、一つだけ気をつけてほしいことがあります。

それは、そうなってほしいから言っているという「下心」が透けると、相手には敏感に気づき、かえって逆効果になることもあるということです。

あなたが、期待する気持ちは忘れ、心の底から、「そうしてくれてありがとう」と伝えるからこそ、相手の心に届き、相手の行動に変化が訪れるのです。

57

「チームワークバッチリ！」

仕事をするとき、「チームワークのよさが、生産性やプロジェクトの成功に、いかに大切か」ということを、実感している方は多いと思います。

実は、「ほめ口ぐせ」を使って、チームワークをより高めることもできます。

「私たちのチームワークはバッチリ！」など、自分たちのなりたいチームの姿を、何度も口に出し、皆をそう意識づけすればいいのです。

これは私が、以前に働いていた会社で、プロジェクトリーダーとして、皆をまとめるときに、使った方法です。

そのプロジェクトは、各営業所から人が集まってきており、今日ここで会うのが初めて、という人がほとんどでした。これまでの経験も、担当してきた業務も皆バラバラです。そこで、一日でも早く、チームが一体感を持って仕事ができるようになるために、どうしたら良いかと考えた末、口ぐせの力を活用することにしました。

私は、ささいなことでも、みんなが協力できたときは、**「なんか良いチームじゃない？」「チームワークバッチリ！」と意識して、声をかけ始めました。**また、仕事でうまくいかないことがあると、「このメンバーだったら乗り切れる」と声を掛け、乗り越える度に「このメンバーだからできたね」と、チームの良い点を口にするようにしたのです。

その結果、徐々にチームに仲間意識が生まれ、難局を無事乗り切り、プロジェクトを成功に導くことができたのです。

この「ほめ口ぐせ」のポイントは、ほかの人だったら「当たり前」と思い、見逃してしまうような小さな点を拾い上げて、口にしたことです。

なんども繰り返すことで、「チームワークをよくして、チームで成功する」という意識が、全員に芽生えたのでしょう。

「そんなことで、本当にうまくいくの？」と、思うかもしれません。

でも、誰か一人がこうして、率先して声を出すと、必ずその言葉はチームに伝わり、チーム全体の雰囲気が良くなるのを、私は何度も経験しています。

58

「とても、仕事熱心な方なんです」

あなたがよく知っているお客様を、別のお客様に引き合わせるとしましょう。ビジネスパーソンだったら、誰でもそんな経験があるはずです。そのとき、お客様に喜ばれ、あなたへの信頼も厚くなる、そんな紹介のコツがあります。

それは、紹介するときに、相手をほめる言葉を、必ず入れることです。

誰でも、自己紹介するときに、自分の功績や手柄は、話しにくいもの。だからこそ、あなたのような間に入った人が、お互いの良さを、双方に伝えることが、とても大切なのです。

第三者が別の人の前で人をほめると、ほめられた人の良さが、ダイレクトに伝わります。別の人が話すほめ言葉は、「ほかの人がそう思うくらいなら、本当にそうなのだろう」と、信憑性を持って伝わります。

また、**ほめられた人は、「自分のよさが理解されている」「自分から言えない自分の良さを伝えてくれた」と喜びます。**

さらに、初めて会う人同士が、紹介されるときにお互いの良い点を聞くと、第一印象がぐんと良くなり、その後の人間関係が良好になります。そして紹介したあなたに対しても、「良いお客様がいる」と、信頼が深まるのです。

では、具体的にどうほめたら良いか。コツを二つ紹介します。

一つめは、業績や実績をほめることです。

「こちらの会社は、○○という優れた技術を持っており、業界でも有名です」「この間も、成績優秀で表彰されたんですよ」「創業されて○年以上です」「長い取引のお客様が大勢いらっしゃいます」など、業績や実績をほめます。

すると、客観的な事実として、誰もが納得してくれるのです。

次に、「とても仕事熱心な方なんです」「○○さんは、アフターケアもしっかりしてくださいます」「○○については、右に出る人がいないほど詳しいんです」など、本人からなかなか言えない、仕事への思いや熱意をほめます。

すると、その人の仕事に対する姿勢が伝わり、相手に好印象を持たれやすくなります。

59

「○○さんは、こういういいところがあるんです」

会議やパーティーなどで、その場にいない人が話題になることがあります。そんなとき、もしあなたが話題の人を知っていたなら、ぜひ、その人をほめてみてください。**そのほめ口ぐせが、あなたとその場にいない、話題の人との関係をぐっとよくするきっかけになることがあるからです。**

私も経験がありますが、「○○さんが、あなたのこと、えらいほめとったで」と、人づてに聞くと、とてもうれしいものです。

ですから私は、このほめ方を「こっそりほめほめ作戦」と呼び、多くの人に「人をほめるコツ」として勧めてきました。

すると、お客様と前より仲良くなれた、新たな取引先を紹介してもらえたなど、ほめた人にも「うれしいことが起こった」と、何度も報告を頂いたのです。

また、この「こっそりほめほめ作戦」が、職場での人間関係の改善に役立ったという実例もあります。

知り合いの営業マンの男性は、あるとき、仕事を進める上での意見の食い違いから、上司との関係を、こじらせてしまいました。彼はこの上司を、入社以来とても尊敬していたので、なんとか関係を修復したいと考えていました。

そこで、相談を受けた私は、この男性に「本人と直接、話しづらい状態だったら、上司の周りの人たちに、『色々ご指導いただき、尊敬しています』『部下思いの上司です』ということを伝え続ける」ように、提案したのです。

彼は、はじめ「ゴマをすっていると思われないか」と心配していました。しかし私が、「あなたが悪口でなく、尊敬を口にしてくれたと上司が聞いたらうれしいと思う」と伝えたところ、実践する気になったようです。

数か月後、この男性から報告がありました。彼の話したことが、上司の耳に届き、上司の態度が和らいだとのこと。「徐々にですが、元の関係に戻れるように、なってきました」と聞いて、私はほっとしました。

私たちは、人づてに自分がほめられたと聞くと、目の前で直接ほめられたのとは、また違った喜びを感じるのです。

第6章
ザクザク！お金に愛され豊かさを引き寄せる口ぐせ

お金に愛され、お金に困らず、一生豊かな生活を送りたい。
そんなお金に恵まれた人生を送るために、
一番大切なことは、お金を好きになり、
お金に対する考え方を変えることです。

でもどうしたらいいの？
そんなときに、強い味方になってくれるのが口ぐせです。
お金に愛される口ぐせをたくさん使って、
望む人生に一歩ずつ近づいていきましょう。

60

「お金が大好き！」

お金と上手につきあって、豊かな生活を送りたい！

そう思ったあなた。それなら口ぐせで、その夢を実現していきましょう。

お金と仲良くするために、最初にやってほしいのは「お金が大好き！」と宣言し、今日からお金の悪口を言うのをやめると決意することです。

「え？　別にお金の悪口なんて言っていないよ！」と思う人も多いでしょう。

でも、あなたは、もしかしたら「世の中、お金じゃない」「お金がなくても幸せ」などと、口にしたことはありませんか？

それらの言葉は、実はお金の悪口なのです。

ほかにも「お金がほしくてやっているんじゃない」「お金がすべてではない」などと口にするのは、「お金はいらない」「豊かにならなくていい」と、お金を否定していることと同じなのです。

お金は、お金が好きな人のところに集まります。

悪口を言う人のところには、「嫌われている」と感じて、集まりません。

私は、お金は人間と同じだと思っています。

ほめられるのが大好きで、欲しいと思ってくれる人のところに行きたがります。私たちだって、「一緒にいたい」と思ってくれる人と過ごしたいでしょう。悪口をいう人のところには、寄りつきたくないですよね。

だから、お金の悪口を言うのは、今すぐストップしてほしいのです。

「家族が暮らしていけるだけのお金があれば良い」「周りもこれくらいしか稼いでないし……」「お金はなくても何とかやっていける」「お金がないから、これで我慢」などども、悪口になります。

知らず知らずのうちに、口にしているこれらのお金の悪口を、徐々に減らしていくだけで、確実に金運がアップしていきます。

ぜひ、試してみてください。たったこれだけのことでも、やれば、その驚くべき効果に気がつくでしょう。

61 「私はお金の神様に愛されている」

「お金の悪口を言わない」と決意したら、さらにお金と仲良くなるために、「お金の神様に愛されている」と宣言しましょう。

今のあなたに、お金があるかないかは気にしないでください。また「お金の神様に愛されている」とこれまで思ったことがなくても、大丈夫です。

大事なのは、過去ではなく、これからのお金とあなたの関係なのです。

これまで、「私は運がいい」「私は○○さんと相性がいい」など、そうありたい姿を先取りして、夢を実現する口ぐせをご紹介してきました。これをお金との関係でも、生かしてほしいのです。

それでも、「でも私、とても『お金の神様に愛されている』と思えない」という方には、私の知り合いの女性経営者の話をご紹介しましょう。

彼女は、どちらかと言えば貧乏な家庭で育ちました。兄弟が多かったので、欲しいものなかなか買ってもらえず、服はお下がりばかりだったと言います。

そんな環境にも関わらず、彼女はなぜか「お金の神様から愛されている」と、子どもの頃から思っていました。

なぜそうだったのか、彼女の話を聞いて、私は二つのことに気づきました。

①彼女はお金がないことを、他の家庭と比べたことがなかった

②両親が収入が少ないことを悲観していなかった

私が彼女に「それが『お金の神様に愛されている』と思える理由ではないですか」と言ったら、「そうですね。おかげで『貧乏で悔しい』と、お金に悪い印象を持たずにいられたのかもしれません」と笑っていました。

現実はどうであれ、「お金の神様に愛されている」と心から思えたおかげで、実際にお金に愛されるようになれたのです。

今では、経営する会社も好調で、ほかの事業にも進出するとのことです。

まず、「お金の神様に愛されている」という口ぐせを繰り返しましょう。するとお金に対する気持ちがどんどん、肯定的に変わります。

そして、本当にお金に愛されるあなたになり、お金と良い関係を築くことができるようになるのです。

62 「お金も愛も仕事も、全部大事！」

お金と良い関係を築くうえで、欠かせないのが、**知らず知らずのうちに身についてしまった、〝お金への思い込み〟を取り除くことです。**

・「お金より仲間」「お金より愛が大切」「お金のために働いてはいない」

あなたは、お金と何かを比べていませんか。大切なものを比較してしまうのは、「両方を手に入れるのは無理だ」と思っているからです。

でも、ちょっと考えてみてください。「どちらかしか入らない」と、何を根拠に決めているのでしょう。「お金も愛も仕事も、全部大事！」でいいのではないでしょうか。すべてが手に入るのであれば、どれかをあきらめる必要はなくなります。

・「お金持ちは、汚いことをして稼いでいる」

世の中には、汚いことをしてお金持ちになった人もいるかもしれません。しかし、「まっとうなことをして、皆に喜ばれてお金持ちになった」人を、私はたくさん知っています。私たちは、お金やお金持ちに悪い感情を抱かず、「良いことをして、皆に喜ばれる」お金持ちになればいいのです。

「私は、皆に喜ばれるお金持ち」と、口ぐせで肯定しましょう。

・「欲を持つことは、良くない」

時々、「欲」を持つことを毛嫌いする人に出会います。でも、「欲」イコール「悪」、もしくは「汚いもの」でしょうか？

私は「欲」は、必要で大事なことだと思います。

人間は、もっと快適に便利に暮らしたいという「欲」を持ったから、発明に力を注ぎ、技術が発達してきました。私も「作家になる」という明確な「欲」があったからこそ、本を出版することができたのです。

「欲」は、「希望」と「夢」に、とても近いものです。

思い込みを減らして、お金への良いイメージを、心に育てていきましょう。

63

「お金さん、ありがとう」「豊かなお金をありがとう」

「お金があって良かったこと」を紙に書き出す。

たったこれだけのことで、あなたは、もっとお金の神様に愛され、お金と仲良くなることができます。

「好きな歌手のCDを買って聞いたら、気分が盛り上がった」「お母さんに、スイーツを買ってあげたら、喜んでくれた」「お父さんへの誕生日プレゼントが買えた」「後輩を元気づけるために、飲み会を開いておごった」など、金額に関係なく、ちょっとしたことでも、いくつでも書き出すのがコツです。どんなに小さなことでも、自分にとってうれしかったことなら何でも、できるだけたくさん書き出してみましょう。

書き出したリストを見ると、あなたは「お金をつかえることは、こんなにうれしいことなんだ」と気づくはずです。**「お金ってとってもいいものなんだ」と、改めてよさを認識すれば、感謝の気持ちが自然とわいてきませんか？**

その感謝の気持ちを、「お金さん、ありがとう」と、口にしてみましょう。きっと素直に口にできるはずです。もちろん「ありがとう」だけでもOKです。

お金は、喜び、感謝してもらえると「もっと役に立ちたい」と思ってくれます。あなたが誰かに感謝されたら、そう思うのと同じです。

照れずに、どんどん、お金に感謝の気持ちを伝えましょう。

私は、大福やスイーツが大好きなので、食べるときに「こんなに美味しいものを食べさせてくれて、ありがとう」と言います。

「豊かなお金をありがとう」「家族旅行にお金をつかったら、家族が喜んでくれた。ありがとう」「お金は私に、自由や快適さを与えてくれます。ありがとう」

自分の心に響く言葉を、自由にアレンジして使ってください。

お金が与えてくれる、自由や豊かさに心から感謝できるようになると、もっともっとお金に愛されるようになります。すると、あなたとお金の距離がさらに近くなり、あなたはますます豊かになっていくでしょう。

64

「福沢諭吉さん、今日もよろしくお願いします！」

私には、会社経営者や敏腕営業マンなど、お金持ちの友人が大勢います。

「口ぐせインストラクター」である私にとって、成功した人たちとの会話は、とても刺激的で、いつも新しいひらめきがあります。

あなたも、お金持ちは実際にどんな口ぐせを使うのか興味があるでしょう。

私が、長年にわたり、研究した結果をここでご紹介しましょう。

彼らの口ぐせは、基本的に「私は、お金と相性がいい」「お金も人も、どんどん集まってくる」など、お金に関してポジティブな言葉をよく使います。

「やはり！」と納得です。言葉の力で、お金と運を引き寄せているのです。

もう一つ、彼らに共通する特徴が、お財布の中身が整理されていることです。レシートやポイントカードがあふれているなんてことは、まずありません。「感謝の気持ちを込めて、お金が居心地良いと思う空間を作っている」と、あるお金持ちは言っていました。

お金持ちが使う口ぐせで、特に印象に残ったものが、「福沢諭吉さん、今日もよろしくお願いします！」です。

これは、お金をとても大切にする経営者の友人の、お気に入りです。

彼女は、毎朝、そしてお金を払うたびに、この口ぐせを使うそうです。

そして週に一度は、「福沢諭吉さん、ありがとう！」とお札をじっくり触りながら、お札に向かって感謝の言葉を伝えるそうです。

この口ぐせのおかげでしょうか、彼女と知り合ってから４年になりますが、彼女の会社は成長を続け、ますますお金持ちになっています。

ほかにも、お金持ちがよく使う口ぐせに、「私はお金に縁がある」「私はお金と仲良し」「お金に余裕のある暮らしは、いいものだ！」「お金がたっぷりあるおかげで、愛と幸せが長続きする」などがあります。

彼らの口ぐせを通して、私が気づいたことは、お金持ちは「お金への感謝を、言葉や態度で表現する」のを大切にしているということです。

お金持ちの口ぐせをまねしていると、本当にハッピーな気持ちになります。

65

「ますます豊かになっていく」

お金持ちが使っている口ぐせを実際にまねするときに、気をつけてほしいことが一つだけあります。それは、自分の心が「ウソだ」と感じる口ぐせは、使わないようにすることです。なぜなら、私たちの潜在意識は、本音を引き寄せ、かなえてしまう働きがあるからです。

私がカウンセリングした方のなかに、「お金持ちになりたいと思って、毎日『私はお金持ちだ』と繰り返した。だけど、一生懸命努力したのにも関わらず、お金持ちにはならなかった。むしろ、生活は苦しくなった。口ぐせの力なんて、ウソだ」と言う人がいます。

そうした人たちからよく話を聞いた結果、私はある問題点に気づきました。

それは、先ほどお伝えしたように、その人たちは「潜在意識が本音を引き寄せ、かなえてしまった」ということです。

カウンセリングに来たある男性は、本音では「自分は金持ち」と思っていませんでした。貯金はほとんどなく、給料日前には「給料日までどうやってやりくりしよう」と毎月やきもきしていました。心の底では「自分は貧乏」と思っていたのです。

それなのに、毎日「自分は金持ち」と繰り返したので、潜在意識に、その言葉の裏側にある「自分は貧乏」という本音を、毎日伝えてしまっていたのです。それでは、良い結果をもたらすはずはありません。

今の現実ではなく、願いを潜在意識に伝えるためには、第１章でお話しした**「現在進行形に言い換える」ことが、良い結果をもたらすポイントです。**

「私は金持ちだ」ではなく、「私は金持ちになりつつある」「私は、ますます豊かになっていく」とすると、ウソをついているという気持ちは起こらず、本音として、潜在意識に伝えることができます。

「主人の（私の）給料は、どんどん上がりつつある」「私は、貯金がますます貯まりつつある」など、現在進行形で、「お金持ちになりつつある自分」を、ワクワクと楽しみながら、想像してみてください。

66

「いってらっしゃい。大きくなって帰っておいで！」

お金持ちの友人が、千円札や五千円札で、代金を払うときに使う口ぐせを聞いて、びっくりしたことがあります。

それは、「いってらっしゃい。大きくなって帰っておいで！」です。千円札や五千円札が、大きく増えて一万円札になって、私の元に戻っておいで、という意味なのだそうです。ちなみに、一万円札をつかうときは「お友達を連れて帰っておいで！」と言うそうです。

別のお金持ちの友人は、**「お金を支払うときに、イヤイヤでなく、楽しく送り出してあげると、お金は喜んで、たくさんのお金の友達を連れてきてくれるんだよ」**と言います。それを聞いたとき、私は「さすが！」と思いました。それ以来、私も支払いのときに、心の中で「行ってらっしゃい！」と言うようにしています。

お金を支払うとき、眉間にしわを寄せたり、険しい表情をしたりしている人を、コンビニエンスストアなどで、見かけたことはありませんか?。

支払いで、お金が減り寂しく思う気持ちは、分からないわけではありません。

でも、「お金と仲良くなる体質」を手に入れるには、お金持ちの「お金を喜んで手放す」思考を身につけることも欠かせません。「お金をつかうことは楽しいことなんだ」というポジティブな感情を、心にインプットするのです。


ときには、お金にこんなイメージも浮かべてみるのも、いかがですか?

お札たちが、楽しそうに飛び回って、出会った人たちを次々に幸せにしていきます。

そして、人々に幸せにしてきたそのお札が、今度は、たくさんのお札と手をつないで、一緒にあなたの元に戻ってくると、イメージするのです。

自分の払ったお金が、巡りながらたくさんの人を幸せにして、再び自分の元に何倍にもなって戻ってくるとイメージすると、とてもワクワクしませんか?

私は、この方法を実際にやってみてから、以前にも増して、お金の巡りがとてもよくなりました。また、この話を私から聞いて、実行している人たちも、驚くほど、経済状況が改善したと話してくれます。

67
「お金をつかうのって、いいもんやね」

「こんなものに、お金をつかってしまった！」「また、むだづかいしちゃった」。そんな経験、誰もがあると思います。もちろん、私も例外ではありません。

でも、しばらくすると、また宣伝や広告に心を動かされて、ついむだづかいをしてしまいます。こうして、お金をつかったことを後悔し、罪悪感を持つと、お金はマイナスの感情を察知し、どんどん離れていってしまいます。


私がお金持ちから学んだ、お金とぐんと親しくなる方法をお教えしましょう。

意外に思うかもしれませんが、それは、実は**「お金をつかって、良かった！」というプラスの感情を、増やしていくことなのです。**

お金持ちの友人と一緒に行動する中で、私はそのことに気づきました。

名づけて「お金をつかうのって、いいもんやね」の法則です。

お金持ちと一緒にいると、よく「キラキラのネックレスは、つけているだけで元気が出るわ。買って良かった」「母をフィットネスクラブに入会させたら、元気になってイキイキしてるの。お金をつかってよかったわ」「僕のクルーザーで仲間と海に出たら、とても喜んでくれ、僕もうれしかった」と、お金をつかった話をした後に、「○○だから、良かった」という話がでます。

彼らは、「お金がつかえる財力」を自慢しているのではありません。

その証拠に金額そのものや「値段が高い」ことをひけらかしたりはしません。

彼らはお金をつかって得た、体験や恩恵に対して、まさに「お金をつかうのって、いいもんやね」と、感謝を口にしているのです。

お金持ちは、自分にとって価値があるものをよく知っているので、お金のつかい方で、後悔することがほとんどありません。

本当に欲しいもの、価値を感じるものにだけ、気前よくお金をつかうので、「お金をつかうのっていいもんだ」と、心から実感して口にするのです。

そしてお金に感謝をするので、ますますお金が巡り、また、好きなものにお金をつかい「お金をつかうっていいものだ」と実感する、良い循環になるのです。

68 「○○（欲しいもの）が手に入ってうれしい！」

「高級車が欲しい！」「マンションが欲しい！」など、どうしても手に入れたいものがあるときに、すぐに実行してほしい方法があります。

その方法を使えば、買うお金が有る無しに関わらず、手に入る可能性が、ぐっと高くなるのです。

それは、**「欲しいものがあるとき、実際に手に入れた状態を、できるだけ明確に具体的にイメージすること」**です。


たとえばあなたが、車が欲しいと思っているとします。

それは何色の、なんという車でしょうか？　大きさは？　詳細を具体的に思い浮かべてください。

続いて、その車を運転している自分を、イメージします。一緒に乗る人やドライブする場所も決めましょう。そして音楽を聞きながらノリノリで運転している自分を、まるで映画の1シーンのように、リアルにイメージします。

そして一言、「○○が手に入って、うれしい！」とつぶやくのです。

現在進行形のほうがしっくりくるという人は、「○○が手に入りつつある。ありがとう！」と、言ってもいいですね。

実際に、ショールームなどで欲しい車に試乗しながらイメージすると、体験が脳に強くインプットされ、その車が手に入りやすくなるとも言われています。

私の友人は、この方法で、実際に高級分譲マンションを手に入れました。

彼は、ある高級マンションが気に入り、モデルルームを見にいきました。

でも、新築での値段は、とても手が届かない金額です。しかし、彼はその部屋の様子を目に焼き付け、あきらめずにどんな家具を置いて、自分がどういう暮らしをするかをイメージし続けたのです。

すると、なんと1年後には、欲しかった部屋が空いて、売り主の事情で、かなり安く購入することができたのだそうです。

給料アップを実現させたいなら、欲しい金額のお給料が振り込まれた、貯金通帳を見て、「うれしい」と喜ぶ自分を、ありありとイメージしてください。

69 「うらやましい」より「おめでとう！」

同級生が事業で成功して、豪遊している。友人が親の遺産で高級マンションを買った。そんな話を耳にすると、「なんであいつばかりが……」「うらやましい」という気持ちがわいてきたことはありませんか？

嫉妬していると気づいたら、すぐさま、心から追い出しましょう。

なぜなら、嫉妬という感情は、あなた自身を不幸に導いてしまうからです。

嫉妬しているとき、人は「彼が成功しなければ良いのに」「あいつだけ幸運が転がり込んで、うらやましい」などと、その人を非難したり不幸を願ったりしています。

しかしそれは、自分に対して「手に入れなければ良いのに」「幸運が転がり込んで、うらやましい」と言っているのと同じです。

脳は主語を理解できないので、あなたの脳は、「成功するな」「幸運が転がり込むな」という命令を受けたと思ってしまい、そちらを実現してしまうのです。

「自分が嫉妬している」と気づいたら、本人が目の前にいても、いなくても、すぐさま「良かったね」「おめでとう！」と、祝福の言葉を口にしましょう。

何度も繰り返せば、どれだけ強い嫉妬心でも、口ぐせの力でやがて消えていきます。そして、口ぐせの通りの恩恵が、あなたに与えられます。

あなたが発した「おめでとう」の口ぐせを聞いて、脳は良いこと、おめでたいことを探し出してくれて、次はあなたに富や繁栄をもたらしてくれるのです。

また、嫉妬というのは、相手がすでに、あなたの欲しいものを持っているからわく感情です。車に興味がない人が、友人から「高級車を手に入れた」と聞いても嫉妬心はわきません。

ですから、嫉妬する気持ちがわいたら、「相手のおかげで、自分の欲しいものがより明確になった」と考えればいいのです。

欲しいものがわかったら、言葉とイメージの力を使い、実際に手に入れて活用しているところを思い浮かべましょう。友人が高級マンションを手に入れて、「うらやましい」と思ったのなら、高級マンションに住むあなたの友人の姿を、あなたの姿に入れ替えて、イメージすればいいのです。

70

「私は、お金持ちになっていいんだ」

本章の最後に、皆さんにどうしてもお伝えしたいことがあります。

あなたが「お金にポジティブな考えを持つ」ように変わっていくと、周りの人たちが「お金持ちになんて、なれるわけがない」「なに、ばかなことを言ってるんだ」と、横やりを入れてくる可能性があります。

特に、あなたの家族は「叶わなかったら傷つく」と心配をするあまり、「そんなの無理よ」と言ってくるかもしれません。

そんなとき、彼らの言葉を受けとめて、「やっぱり、お金持ちになるのは無理なんだ」と、思わないでください。せっかく芽生えたお金へのポジティブな感情をしぼませることなく、笑顔で、彼らの言葉を聞き流してほしいのです。

なぜなら、願望が叶わないなんて、誰が決めたのでしょう。

彼らは、口ぐせを試してみて、言っているのでしょうか。

周りの人たちは、ただ自分の経験や見聞を通してできた、その人なりの「物差し」で、ものごとを判断しているに過ぎないのです。

そんなときこそ、口ぐせの力を活用しましょう。

誰かが「お金のことを、口にするのははしたない」と言っても、あなたは「お金が大好き！」と言いましょう。

「毎月の支払いがたくさんあって、大変」としぶしぶ支払いをする人がいても、あなたは「いってらっしゃい！　大きくなって返っておいで」と喜んでお金を見送ってあげましょう。

そして、**あなたが、あなたにふさわしい豊かな生活を送り、お金持ちになることを自分に許可してあげてください。**

「私は、お金持ちになっていいんだ」

「私はお金持ちになるのに、ふさわしい人間になりつつある」

「私は、豊かな生活を送る権利がある」と、繰り返しましょう。

あなたの人生を切り拓いていけるのは、あなただけなのです。

あなたには、すでにその力が備わっています。自分を信じてあげましょう。

第7章
キラキラ！あなたの未来を輝かせる口ぐせ

今だけでなく、あなたの未来も、口ぐせで輝きます。

「やせて美しくなりたい」
「いつまでも活躍できる自分でいたい」
「強運をつかみたい」

どんな夢にも大きな力を貸してくれる口ぐせの集大成です。

口ぐせを活用して、夢や理想の自分を、実現しましょう。

71

「やせて、もう一度このブレザーを着る」

口ぐせを活用すれば、楽にダイエットして理想の体型を手に入れられます。

「えっ、口ぐせでそんなことができるの？」とお思いの皆さん。

はい、本当に可能です。それは、私の体験が証明しています。

私は、ダイエットに口ぐせを使ったおかげで、3年間で30kgのダイエットを、つらいと感じることなく成功させました。

現在の私の体重は68kgですが、かつては98kgも体重がありました。

「ついにここまで太ったか」とショックを感じた私は、真剣に「やせなければ」と決意し、ダイエット本を何十冊も読みました。

そのなかで、ふと目にとまったのが「やせていた頃に着ていた服をもう一度着ることを、目標にしよう」の文字です。

そこで、スリムだった大学時代によく着ていた、アイビールックのブレザーをもう一度着ることを目標に、ダイエットを始めたのです。

しかし、始めてみると、ダイエットは難しい。食事量を抑えると、数日後には「おなかが空いた」とつらくなり、食べてしまうことの繰り返しでした。

そこで、「ダイエットに良い口ぐせはないか」と考えました。色々試した結果、私にしっくりきたのが「やせて、もう一度このブレザーを着る」でした。

「もう一度、ブレザーを着るためにやせる」だと、ブレザーを着るという目的だけのためにひたすらがんばるようで、つらく感じます。でも、「やせて、もう一度このブレザーを着る」だと、やせるとブレザーが着られるという楽しみが待っているんだという気持ちになれたのです。

この口ぐせを、毎朝一回、ひげを剃るときに鏡を見ながら唱えました。

また、そのブレザーを家の目につく場所にかけて、ブレザーを着ている自分を想像し、「やせて、このブレザーを着て、昔みたいにおしゃれするぞ」と、ワクワクすることを繰り返しました。

すると、やがて、食事量を減らすことが、苦しくなくなり始めたのです。

そして、口ぐせ通り「やせて、もう一度このブレザーを着る」目標が、近づいてきたのです。

72 「どんどん、やせている。うれしい」

ダイエットのモチベーションを、さらに継続させるため、次に思いついた方法が、体重を記録することでした。

毎日の体重を、「○月○日　○kg」と、手帳に記録しました。

そうすることで、体重が減っていく様子を一目でわかるようにして、ダイエットのモチベーションにつなげようと考えたのです。

数か月もすると、現在と過去の体重が比較できます。

体重の変化を見ながら、私は必ず、「どんどん、やせている。うれしい」という、口ぐせを繰り返しました。

そうすることで、「やせること、ダイエットをやることは楽しいんだ」と、心に刻みつけたのです。

無理を重ねてやせても、すぐにリバウンドしてしまう人も少なくありません。ダイエットも、楽しくすることで、続けることができるのです。

とは言え、ときどき、会食などで食べ過ぎてしまい、体重が増えてしまうこともありました。

でも、そんなときは、数日前の体重ではなく1週間前、1か月前の体重と比べて、「よし、どんどん減っている」と思い、やせている喜びを感じました。

そして、「やせて、ブレザーを着る」の口ぐせも併用しながら、ハードな運動やつらい食事制限など、一切することなく、3年で30kgの減量に成功しました。自分でもびっくりするほどの成果でした。

「やせて、もう一度このブレザーを着る」は、いくらでも応用可能です。

たとえば、

「やせて、大好きなブランドの服を買いに行く」

「やせて、同窓会で『昔と変わらないね』と旧友に言われる」

「やせて、家族写真に『かっこいいお父さん』で写る」

など、自分に合わせて、しっくりくるものを見つけて、あなたもダイエットを成功させてくださいね。

73

ブログやメルマガで「ありがとう」を毎日発信

口ぐせは、口に出す回数を重ねれば重ねるほど、効果を発揮します。

ときどき「口ぐせをもっと効果的に使う方法はないですか？」と質問を受けます。

そんなとき私は、日記をつけることをお勧めしています。

なぜなら、口ぐせを耳で聞くだけでなく、さらに、文字にして、目から確認することで、もっとしっかり心に刻み込むことができるからです。

今の時代だったら、ブログ、メルマガといった手段もあるでしょう。

私は、「良い口ぐせ」「良い言葉」を、自分でも毎日、目にするために「メールマガジン」、いわゆるメルマガを続けています。

メルマガのタイトルは「感謝日記」。身の周りに起こることに感謝して、毎日自分の思いをプラスの言葉で書くことを、習慣化するために始めました。

きっかけは、口ぐせの師匠である佐藤富雄先生から、「良い言葉を毎日書くのを続けると、人生が良い方向に大きく変わるよ」と言われたことでした。

そこで、当時流行り始めていたメルマガで、毎日書くことに決めたのです。

「感謝日記」はこんな内容です。

「叱られると言うことは、成長の糧を与えられるということ。そう考えると感謝の心がわいてきます。今日も感謝して気楽に生きます。あぁ～幸せ。」

このようにメルマガを書くことで、「ありがたいこと」を毎日、探すようになりました。

そのため、ものごとを悪い面ではなく、良い面に焦点を当てて考えられる習慣が身につき、結果そのことが口ぐせの効果をさらに高めてくれました。


また、メルマガ配信のおかげで「人との出会いが大きく広がる」という、思わぬ副産物もありました。


メルマガを読んで、私の「感謝を大事にして生きる」という考えに共感した人がお知り合いにメルマガを紹介してくださることが増え、これまでは出会えなかった、著名な方と知り合えたりするようになりました。

「感謝」というキーワードに共感する人の輪が広がると、私の夢を応援してくれる人にも、高い確率で出会えるようになったのです。

74

「本を出版して、作家になる」

口ぐせの効果を、さらにパワーアップする方法がもう一つあります。

それは、**欲しいものや実現したい夢を、紙に書いて、リビングの壁やデスクの前など、目にするところに貼り、毎日眺めるのです。**

それを声に出して、読み上げてもいいでしょう。

私は、この方法を活用し、「社内で売り上げナンバーワンの営業マンになる」「年商を二倍にする」「本を出版する」など、多くの願望を実現してきました。

もし、あなたの夢が「家族でハワイ旅行に行く」だったら、夢を紙に書くと同時に、ハワイの写真や泊まりたいホテルの写真を貼るのもいいですね。

「社内でナンバーワンの営業マン」だったら、紙の横に、現在会社でナンバーワンの人の写真を貼ったり、「ナンバーワン営業マン」について本を書いている人の写真をネットで探して、貼ったりしても良いでしょう。

ダイエットなら、目標体重や「やせる」と宣言した紙の横に、憧れのモデルさんの写真を、あわせて貼るのも効果的です。

私は、本を出版する夢を叶えるために、こんな方法を繰り返し行いました。

まず紙に「本を出版して、作家になる」と書き、リビングの壁に貼ります。そして、一日一回紙を見て「本を出版して作家になる」と声を出しました。

さらに、もっと具体的に夢を叶えた姿をイメージするため、本屋に行き、本を積み重ねたワゴンの前で、ピースサインする自分の写真を撮りました。自分が作家になって喜ぶ様子を、今度は映像化しました。

その写真を「本を出版して、作家になる」と書いた紙の横に貼り、それらを毎日見ながら、「本の出版が叶ってうれしい」と、繰り返しました。

すると、思いがけない出会いがあり、トントン拍子に本が出版できることになったのです。

こうして、口ぐせを繰り返すことに、「口ぐせを文字にして目で見る」「画像でイメージを膨らませる」ことを加えると、実現のスピードが速くなると、周りにとても好評です。

75

「チャンスは人が運んでくれる」

以前、快進撃を続ける企業の社長と話をしていたとき、これまでにめぐりあったチャンスの話になりました。そして、お互いに「その通りだ」と盛り上がった法則があります。

それは、「チャンスは人が運んでくれる」ということです。

私は、長年会ってない人から「こんな仕事してみない？」と声を掛けられ引き受けたら、次に大きな商談の機会をいただいたことがあります。また、「勉強会に来てみない？」と言われ参加したら、そこで知り合った人の友達が、問題解決の糸口になるヒントを教えてくれたこともあります。

あなたの目の前にいる人が、直接助けてくれなくても、その人の知り合いが、助けてくれるかも知れません。縁とは実に、不思議なものです。

私は、良い縁をつかみたいと思うとき、「チャンスは人が運んでくれる」という口ぐせを繰り返しながら、あわせて行うことが、二つあります。

一つめは、どんな人との縁が欲しいか、明確にイメージすることです。

たとえば私は、仕事で「○○業界に強い税理士さんと出会いたい」と考えたことがあります。取引先のお客様が望んでいらっしゃったからです。

そんなときは「○○業界に強くて、年齢はこれくらいで」とお客様が望む条件を、具体的に思い浮かべます。そして、周りの人たちにも、「こんな人を捜している」と、どんどん話します。

すると、必ず、希望にピッタリの人が見つかるのです。

二つめは、どんな人との縁が欲しいか思い浮かべたあとは、ひらめいた人に会うなど、直感に従って行動することです。「○○さん、どうしてるかな」と思いついたら、すぐに連絡をとったり会いに行ったりしましょう。

私は、「この人ともっと話をしたい」と思ったら、メールをしたり、会うきっかけを自分から作ったりもしますし、いい本と巡り会ったら、その著者のセミナーにも参加します。

そんな行動から、仕事の契約につながったり、プライベートで旅行に行くつきあいになったりした人も、たくさんいます。

76

「無限の宇宙に、貯金、貯金」

あなたが目標を持って口ぐせを使いながら、行動を起こしたとしましょう。しかし、すぐには、目に見えた結果が現れないことも多いもの。

数か月しても成果が出なければ、投げ出したくなることもあるでしょう。そんなとき、ぜひ思い出してほしい口ぐせが、「無限の宇宙に、貯金、貯金」です。

この口ぐせは、努力しても結果がすぐに現れないときに、私はよく使います。

「努力がすぐに目に見えなくても必ず返ってくるから、あきらめないで努力を続けよう」と、私自身を応援するために口にするのです。

この口ぐせを使うとき、あなたがしている努力は、実はお金のように貯金できる仕組みになっていると考えてみてください。

預け先は、目に見えない、宇宙にある銀行です。

あなたが努力をするたびに、「努力」の貯金が、宇宙銀行に貯まっていきます。でも、その残高はあなたには見えず、努力も成果となって現れません。

しかし、やがて銀行の「満期」になったとき、お金が手に入るように、あなたの努力は、一気に成果となってあなたの目の前にやってくるのです。


「こんな話って、本当にある？」と思う人もいるでしょう。

あくまでも、私がそう思い、実践しているだけにすぎないかもしれません。

でも、本当かどうか分からなくても、この口ぐせを言うと、私は「もう少しがんばってみよう」という気持ちになります。

そして、**この口ぐせを繰り返したおかげで、「もうだめだ」と思っても、途中で投げ出さずに済んだことが何度もあるのです。**

そんなときは、その後必ず、良い成果を出すことができました。

もしこの話を聞いて面白いと思ったら、くじけそうになったときに、口ずさんでみてください。

「この話通りに、宇宙に貯金されていたら面白いな。今は結果が出てないけど、投げ出さずに、もうちょっとがんばってみるか」と、思うきっかけになったら、とてもうれしいです。

77

「トイレ掃除で、運もアップ！」

運が良くなる口ぐせ、特に金運がアップするものを教えてくださいと言われたら、私は迷わずこう答えます。**「トイレ掃除で、運もアップ！」**

「え、なんなの、それ？」と思われた方、いらっしゃるかもしれません。

でも、これで、運が良くなった人が実際にたくさんいるのです。

社長自ら、職場のトイレ掃除を、何十年も続けている会社があります。

この社長は、毎日、朝一番にトイレ掃除をします。「汚れをこすり落とすと、自分の心に積もった我欲《がよく》も落ちていく」のだそうです。そして、無心で磨き上げるうちに、会社経営についてのいろいろなアイデアが浮かぶと言います。

また、社長が率先してトイレ掃除をする姿を見て、社員の信頼度も高まりました。そして、以前より離職率が下がり、熱心に働くようになったのです。

業績不振をきっかけに始めたトイレ掃除でしたが、この会社の業績はアップし、この社長は、トイレ掃除の良さを、講演でも話すようになりました。

もう一人、知り合いに全国トップの営業成績を誇る、営業マンがいます。

彼は、担当する店舗に行くと、必ずトイレ掃除を行うそうです。

ピカピカにトイレを磨くことで、「お客様のおもてなしをする気分が高まる」と言います。そんな彼は、どこのお店でも社員やお客様から好かれ、仕事で成功する運を引き寄せているのではないかと私は思います。


彼らの影響で、私もトイレ掃除を、毎日行うようになりました。

私のトイレ掃除のルールは、①毎回、本格的にしなくても大丈夫、②気がついたところだけでも、１分でもＯＫ、③できれば毎日、です。

彼らの言う通り、トイレ掃除をすると、予想以上に心がスッキリとします。

毎日続けると、「トイレがあってよかった」と謙虚な心になることができ、それが、ビジネスでほかの人を思いやる気持ちにつながるのかなと思いました。

トイレは、私たちの排泄物を受けとめてくれる大切な場所。そんな重要な場所を毎日きれいにするからこそ、自然と運がよくなるのかもしれません。

78

「今が最高！」

長年、「口ぐせインストラクター」として口ぐせを研究するうちに、私は、人が使う口ぐせと見た目の印象には、関係があることに気づきました。

実際の年齢より老けて見える人と若く見える人とは、明らかに違う口ぐせを使っています。

年齢より老けて見える人は、「あの頃は、よかったわ」とよく昔を懐かしみ、「自分たちの20代の頃はこうだった」と、昔の自慢話をします。

また「もう年だし」「若くないし……」という口ぐせを頻繁に使い、何かを始めることにも億劫です。

反対に、実際の年齢より若く見える人は、「あの頃は良かった」「昔はこうだった」など、過去を振り返る言葉を、ほとんど使いません。

たとえ、年齢がいくつでも、常に「今」を楽しみ、前を向いています。

そして、いくつになっても、「今が最高！」だと考えています。

見た目が若くイキイキとしている人は、年齢に関係なく好奇心があるのも特徴です。「実は、○○を始めてさ」といつも新しいことに挑戦し、好きなことを楽しんでいます。

私の友人には、50歳を過ぎてから起業した女性や、60歳を過ぎても語学を学び続けている男性もいます。

もしあなたが、まだ20代、30代であれば、「もう年だし……」なんて考えて、自分の未来を閉ざしてしまうのは早すぎます。

私たちは、どうしても、一般的な常識と呼ばれるものや、周りの人たちから影響を受け、「30代ならこうあるべき」「40歳になったらこうでないと」という考えにとらわれがちです。でも、あなたがもし、いくつになってもキラキラ輝く未来への希望を手に入れたいのであれば、年齢に振り回されないようにしたほうが良いのです。

「今が最高！」という口ぐせは、明るく楽しい未来とともに、見た目の若々しさをあなたにもたらす、力強い味方になってくれるはずです。

79

「過去の自分を許します」

未来の夢に向かい、さらに前進するため、試してほしいことがあります。

それは「過去のあなたを許す」ことです。

「輝く未来のためには、過去を振り返らないほうがいいのではないの？」「過去を許さなくては、前に進めないの？」とお思いになるかもしれません。

はっきり断言できます。答えは「イエス」です。

過去にこだわり振り返ってばかりいるのと、過去の自分をしっかり許すのは違います。私は、**人生を楽しみ、希望を持って生きるためにも、この「自分を許す」のがいかに大切か**、身にしみて感じたことがあるからです。

アルコール依存症から回復した直後、私は依存症だった自分が嫌いでした。

家族を傷つけ、多くの人に迷惑をかけたからです。過去の情けない行動が、どうしても許せませんでした。そうして、過去にとらわれる私を見て、自助グループの仲間と、「過去の自分を許すワーク」をすることになったのです。

このワークは、後悔している行いをあげ、迷惑をかけた人たちに「ごめんなさい」と謝ることでした。私にとって、それはとてもつらい行程で、ふがいなさのあまり、何度涙をこぼしたか分かりません。

でも、続けるうちに「あの頃は、お酒をやめられずつらかったんだな」と、過去の自分を受け入れられるようになっていきました。そして、そんな自分を許し、心の底から周りに「申し訳なかった」と言えるようになったのです。

その後、自分を許せるようになったら、私の「過去に縛られていた心」は、少しずつ解放され、将来の夢を前向きに考えられるようになったのです。

過去の自分が許せないでいると、以前の私のように、自分が幸せになることを許可できません。無意識のうちに「自分にそんな資格はない」と思い、夢を描けなくなります。それは、足に重い重りをつけた囚人と同じです。

もし、あなたが、過去に許せないことがあるなら、前に進もう、幸せになろうとしても、重りが足かせになり、思うように前に進めず、つらい思いをしているのです。

そんなときは「自分の過去を許します」の口ぐせを活用し、少しずつ、自分の過去を受け入れてあげてください。

80

「人生にムダはない」

前の項目では、なりたい自分を実現するために、「過去の自分を許す」ことがいかに大切かをお話ししました。

もし、過去に、自分の力が足りず失敗したことがあったら、ぜひ「あの頃は、それが精いっぱいだったんだよ」と、過去の自分に優しく声をかけてあげてください。

そして、もう一つ、過去の自分を許すことができる口ぐせがあります。

それは、「人生にムダはない」です。これも、私の体験から生まれました。

お話ししてきたように、私は、28歳までの約10年間、アルコール依存症で、苦しみました。

35歳の時には、リストラにあい、人生のどん底を味わいました。

40歳の時に、体を壊し退職。40歳でこれまでと全く畑違いの業界で再出発。成功に至るまで、〝40歳の新人〟として、数々の挫折を経験しました。

こう書くと「苦労の多い人生を送ってきたな」と思うかもしれません。

私も、渦中にいるときは「なんてつらい人生なんだ」と思っていました。

でも、今は違います。なぜならすべての経験は、一つもムダになっていないと実感しているからです。

アルコール依存症の苦しみも、リストラのどん底も、40歳からの再出発も、全部、私の人生に深みを与え、豊かなものにしてくれました。

こうした経験が一つでも欠けていたら、同じように苦しむ方へのアドバイスが、できていないかもしれないのです。また、人生のつらさを乗り越えるために研究した口ぐせが、今では皆さんのお役に立っているのです。

自分のつらい経験を、別の形で他人のために活かすことができると、人は自分の過去を許すことができるんだと、体験を通して私は悟りました。

「人生に、ムダはない」。

そう言いながら、もう一度、自分の人生を見つめ直してみませんか？

見方を変えることで、あなたのつらい過去は「人のお役に立てる」豊かな経験として、活かすことができるかもしれないのです。

おわりに――人生は、口ぐせでできている

私たちは、日々、言葉を通じて、いろんな情報を見聞きしています。

その中で、世間の常識や親から学んだこと、そして、周りの人のいうことなどの影響を知らず知らず受け入れ、自分の中に小さな「枠」を作りがちです。

その「枠」が、ときには、「こうでなければならない」という考えを生み出し、それ以外の考えは正しくないと思い込んでしまったり、自分の行動に制限をかけてしまったりしてしまうことがあります。

それにより、心が苦しくなることも、あるかもしれません。

でも、「こうじゃないといけない」という〝思い込み〟の枠は、口ぐせの力で外すことができます。うんと力をこめたり、特別なねじ回しや機械を用意したりする必要もないのです。

自分に課した制限をなくし、「こうすればいいんだ」と、柔軟に考えられるように

なれば、人生の可能性も広がります。人間は、無限の可能性を持っていて、その気になりさえすれば、なんでもできます。

できないのは、自分で枠を決めているだけなのです。その枠を、本書で紹介した口ぐせを使って、口ぐせの力で壊してみてほしいのです。

この本が、あなたの人生を輝かせるための小さなきっかけになれば幸いです。

また、この本を作るにあたって、たくさんの方にご協力をいただきました。本当にありがとうございました。

この本が、ひとりでも多くのかたに、口ぐせの威力を伝えて、人生を好転させるきっかけの一冊になってくれたら、私の使命は果たせるのではないかと思っております。

最後までお読みいただきまして、本当にありがとうございます。

また、あなたにお会いできますように。

元山 和也

元山 和也（もとやま・かずや）

会社経営者／口ぐせインストラクター

10年以上やめられなかったお酒を、「口ぐせ」の力を使って、きっぱり断てたことから、口ぐせの研究を始める。

その後、仕事をするかたわら、自分と同じように、お酒をやめられない人たちに、口ぐせの使い方をベースにしたカウンセリングを始める。

自身も、リストラや独立起業などの、人生の荒波を口ぐせで乗り超える。

そして、より深く、口ぐせを極めるために、「口ぐせ理論」の第一人者である、亡き佐藤富雄先生に弟子入りする。

熱海の自宅に2年近く通って奥義を伝授してもらい、その後、独自に「口ぐせ理論」を発展させ、現在までに、多数の人を救っている。

出版プロデュース　株式会社天才工場　吉田 浩
編集協力　塩尻 朋子

口《くち》ぐせだけですべてが変《か》わる

人生を180度好転させる80のことば

二〇一六年（平成二十八年）五月二十日　初版第一刷発行
二〇一九年（平成三十一年）二月二十一日　初版第二刷発行

著　者　元山 和也
発行者　伊藤 滋
発行所　株式会社自由国民社
東京都豊島区高田三―一〇―一一
〒一七一―〇〇三三 http://www.jiyu.co.jp/
振替〇〇一〇〇―六―一八九〇〇九
電話〇三―六二三三―〇七八一（代表）
造　本　ＪＫ
印刷所　新灯印刷株式会社
製本所　新風製本株式会社